W0189501

Gernhardt | Reim und Zeit

Jubiläumsausgabe

Robert Gernhardt

Reim und Zeit

Gedichte

Mit einem Nachwort des Autors

Reclam

Die vorliegende Auswahl aus seinem lyrischen Werk hatte der Autor in mehreren Erweiterungen zwischen 1990 und 2005 selbst getroffen. Die Gedichte aus den Bänden Die *K-Gedichte* und *Später Spagat*, also die Abschnitte X und XI, wurden von Almut Gehebe-Gernhardt ausgewählt.

RECLAMS UNIVERSAL-BIBLIOTHEK Nr. 11111
Alle Rechte vorbehalten
© 1990, 2009, 2017 Philipp Reclam jun. GmbH & Co. KG, Stuttgart
Copyrightvermerke für die Gedichttexte siehe Seite 197
Umschlaggestaltung: ZERO MEDIA GmbH, München
Umschlagabbildung: FinePic®, München
Satz und Druck: Reclam, Ditzingen
Buchbinderische Verarbeitung: Kösel, Krugzell
Printed in Germany 2017
RECLAM, UNIVERSAL-BIBLIOTHEK und
RECLAMS UNIVERSAL-BIBLIOTHEK sind eingetragene Marken
der Philipp Reclam jun. GmbH & Co. KG, Stuttgart
ISBN 978-3-15-011111-6
www.reclam.de

Frage

Kann man nach zwei verlorenen Kriegen,
Nach blutigen Schlachten, schrecklichen Siegen,

Nach all dem Morden, all dem Vernichten,
Kann man nach diesen Zeiten noch dichten?

Die Antwort kann nur folgende sein:
Dreimal NEIN!

Tierwelt – Wunderwelt

Der KRAGENBÄR in seinem Kragen
weiß nichts vom Singen und vom Sagen.
Nie traf er auch nur einen Ton.
Von Sängern dacht' er voller Hohn,
und angesichts des Sternenlichts
da blieb er stumm und sagte nichts.
Er sang nicht auf der Maienflur,
bei Diskussionen schwieg er nur.
Wie anders Goethe, Kant und Benn,
die weniger Verschwiegenen!
Sie ehret heute Flott' und Heer,
vom Kragenbär spricht niemand mehr.

Der HABICHT fraß die WANDERRATTE,
nachdem er sie geschändet hatte.

Das SCHNABELTIER, das Schnabeltier
vollzieht den Schritt vom Ich zum Wir.
Es spricht nicht mehr nur noch von sich,
es sagt nicht mehr: »Dies Bier will ich!«
Es sagt: »Dies Bier,
das wollen wir!
Wir wollen es, das Schnabeltier!«

Das Knebellied

Der zweite Teil ist wie mit geknebeltem Munde zu sprechen

»Gib mir den Säbel, liebes Kind,
Und sag mir, wo die Knebel sind.
Denn heute, heute gehts drauf und dran,
Die Türken, die Türken greifen an!«

So sprach der Bursch und zog aus mit Hurrah.
Erst nach siebzehn Stunden war er wieder da:

»Zhieh mhir dhem Sähbl ausm Bhauch,
Dhem Khnbll ausm Mhundhe auuch.
Dhnem cheuthecheuthe ghinghs dhraumfumddrhram,
Dhie Thürrkm, dhie Thürrrkm ghriffm ahmh!«

Das Gleichnis

Wie wenn da einer, und er hielte
ein frühgereiftes Kind, das schielte,
hoch in den Himmel und er bäte:
»Du hörst jetzt auf den Namen Käthe!« –
Wär dieser nicht dem Elch vergleichbar,
der tief im Sumpf und unerreichbar
nach Wurzeln, Halmen, Stauden sucht
und dabei stumm den Tag verflucht,
an dem er dieser Erde Licht …
Nein? Nicht vergleichbar? Na, dann nicht!

Ein Abschied

»Vater, lieber Vater mein,
willst du meine Mutter sein?«

Verlegen fährt sich
der Bub durch den Schopf
und schaut auf den Vater,
doch der schüttelt den Kopf,
blickt in das Licht,
das im Fenster sich bricht,
und spricht:

»Mein Kind, was du da von dir gibst
klingt im Detail zwar allerliebst,
jedoch im großen Ganzen –«

Musik erklingt,
der Knabe winkt:
»Komm Vater, laß uns tanzen!«

Vier Stunden später. Leer ist der Saal.
Der Vater hat müde zum hohen Portal
die Schritte gelenkt
und denkt,
den Blick auf den schlafenden Buben gesenkt:

»Ich hab's erwogen, hab geschwankt,
hätt' gern erfüllt, was er verlangt,
es war nicht drin.
Was er wahrscheinlich erst begreift,
wenn er vom Knaben zum Weibe gereift,
leb wohl, Katrin!«

Und behutsam setzt er
das Kind in den Schnee
und geht in die Nacht,
die hereinbrechende …

Kleines Lied

Bin ich auch arm
Bin ich doch dumm
Bin ich auch schief
Bin ich doch krumm

Bin ich auch blind
Bin ich doch taub
Bin ich auch Fleisch
Werd' ich doch Staub.

Gebet

Lieber Gott, nimm es hin,
daß ich was Besond'res bin.
Und gib ruhig einmal zu,
daß ich klüger bin als du.
Preise künftig meinen Namen,
denn sonst setzt es etwas. Amen.

Zoo-Impressionen

Wie traurig dieser Wolf
in dem Gehege!
Wie schrecklich,
daß er steht!
Wie furchtbar,
wenn er läge!

Erdmännchen huschen
durch die Nacht,
mit schrillem Schrei
gen Osten.

Unstete Fahrt
gebt acht, gebt acht,
gleich rauscht ihr
an den Pfosten!

Verrat, Verrat,
ein Loch im Draht!
Und da schon wieder eines!
Zur Hilf! Herbei!
Gleich sind sie frei,
die Graugans und ihr Kleines!

Brüllt nur, Löwen,
fletscht die Zähne!
Faucht nur,
schüttelt eure Mähne!
Macht nur weiter so,
ihr schafft es
und bekommt was Raubtierhaftes.

Ach Kronenkranich, plärr nicht so!
Du bist doch nicht allein im Zoo!

Ein Erlebnis Kants

Eines Tags geschah es Kant,
daß er keine Worte fand.

Stundenlang hielt er den Mund,
und er schwieg – nicht ohne Grund.

Ihm fiel absolut nichts ein,
drum ließ er das Sprechen sein.

Erst als man zum Essen rief,
wurd' er wieder kreativ,

und er sprach die schönen Worte:
»Gibt es hinterher noch Torte?«

Reitergedicht

»Sag mal, Reiter!« »Ja, was ist?«
»Wie kommt's, daß du alleine bist?
Wo ist dein Pferd?«

»Ja, das ist so …« »Verrat es nur!«
»Der Gaul macht grad das Abitur –«
»Auch nicht verkehrt.«

Animalerotica

Der NASENBÄR sprach zu der Bärin:
»Ich will dich jetzt was Schönes lehren!«
Worauf er ihr ins Weiche griff
und dazu »La Paloma« pfiff.

Die DÄCHSIN sprach zum Dachsen:
»Mann, bist du gut gewachsen!«
Der Dachs, der lächelte verhalten,
denn er hielt nichts von seiner Alten.

Der BÄR schaut seinen Ziesemann
nie ohne stille Demut an.

Der MOPS hat seinen Zeugungstrieb
ganz schrecklich gern und furchtbar lieb.

Das Vorspiel nahm den HENGST so mit,
daß er geschwächt zu Boden glitt.

Der WAL vollzieht den Liebesakt
zumeist im Wasser. Und stets nackt.

Im Kurbordell von Königstein
ist jeden Samstag Tanz.
Dort treten sieben MÄUSCHEN
ohn' Unterlaß und Päuschen
der Katze auf den Schwaha
der Katze auf den Schwanz.

Ich sprach

Ich sprach nachts: Es werde Licht!
Aber heller wurd' es nicht.

Ich sprach: Wasser werde Wein!
Doch das Wasser ließ dies sein.

Ich sprach: Lahmer, Du kannst geh'n!
Doch er blieb auf Krücken stehn.

Da ward auch dem Dümmsten klar,
daß ich nicht der Heiland war.

Lehrmeisterin Natur

Vom Efeu können wir viel lernen:
er ist sehr grün und läuft spitz aus.
Er rankt rasch, und er ist vom Haus,
an dem er wächst, schwer zu entfernen.

Was uns der Efeu lehrt? Ich will es so umschreiben:
Das Grünsein lehrt er uns. Das rasche Ranken.
Den spitzen Auslauf und, um den Gedanken
noch abzurunden: auch das Haftenbleiben.

Bekenntnis

Ich leide an Versagensangst,
besonders, wenn ich dichte.
Die Angst, die machte mir bereits
manch schönen Reim zuschanden.

III

Paris ojaja

Oja! Auch ich war in Parih
Oja! Ich sah den Luver
Oja! Ich hörte an der Sehn
die Wifdegohle-Rufer

Oja! Ich kenn' die Tüllerien
Oja! Das Schöhdepohme
Oja! Ich ging von Notterdam
a pjeh zum Plahs Wangdohme

Oja! Ich war in Sackerköhr
Oja! Auf dem Mongmatter
Oja! Ich traf am Mongpahnass
den Dichter Schang Poll Satter

Oja! Ich kenne mein Parih.
Mäh wih!

Ein Septembernachmittag
in der Heide

Immer wieder zieht der alte
Schäfer an der Weidenflöte
Immer wieder

Immer wieder hofft er sehnlichst
endlich einen Ton zu hören
Immer wieder

Immer wieder sagt sein Weib ihm
blasen müsse er, nicht ziehen
Immer wieder

Immer wieder winkt der Alte
kreischend ab und zieht aufs neue
Immer wieder

Folgen der Trunksucht

Seht ihn an, den Schreiner.
Trinkt er, wird er kleiner.
Schaut, wie flink und frettchenhaft
er an seinem Brettchen schafft.

Seht ihn an, den Hummer.
Trinkt er, wird er dummer.
Hört, wie er durchs Nordmeer keift,
ob ihm wer die Scheren schleift.

Seht sie an, die Meise.
Trinkt sie, baut sie Scheiße.
Da! Grad rauscht ihr drittes Ei
wieder voll am Nest vorbei.

Seht ihn an, den Dichter.
Trinkt er, wird er schlichter.
Ach, schon fällt ihm gar kein Reim
auf das Reimwort »Reim« mehr ein.

Lied

In dem Grase war ein Tier,
es saß dort, ich stand hier.
Ich ging langsam darauf zu,
fragte es: Wer bist dann du?
Bist du bräunlich
oder rot?
Bist lebendig
oder tot?
Bist ein Teufel
oder Gott?
Oder bist du ein Hase?

Plädoyer

Daß er die Kindlein zu sich rief,
daß er auf Wassers Wellen lief,
daß er den Teufel von sich stieß,
daß er die Sünder zu sich ließ,
daß er den Weg zum Heil beschrieb,
daß er als Heiland menschlich blieb –
ich heiße Hase, wenn das nicht
doch sehr für den Herrn Jesus spricht.

Bilden Sie mal einen Satz mit ...

visuell
Vi su ell die Sonne strahlt –
als würde sie dafür bezahlt.

pervers
Ja, meine Reime sind recht teuer:
per Vers bekomm ich tausend Eier.

Metapher
Herr Kapitän, der Steuermann
hat grade lallend kundgetan,
er brächte jetzt das Schiff zum Sinken –
me taph er wirklich nicht mehr trinken.

Symbol
Herr Dschingis Khan, das tut man nicht,
daß man in fremdes Land einbricht.
Nu aber raus mit Ihren Horden –
Sie sym bol wahnsinnig geworden!

Garant
Der Hase trägt den Kopfverband,
seitdem er an die Wand garant.

Mandarin
Wir schafften uns den Beichtstuhl an,
weil man darin nett beichten kann.

lesbisch
Und als die ersten Hörer grollten
und schon den Saal verlassen wollten,
da sprach der Dichter ungerührt
»Ich les bisch euch der Arsch abfriert.«

Weils so schön war

Paulus schrieb an die Apatschen:
Ihr sollt nicht nach der Predigt klatschen.

Paulus schrieb an die Komantschen:
Erst kommt die Taufe, dann das Plantschen.

Paulus schrieb den Irokesen:
Euch schreib ich nichts, lernt erst mal lesen.

Paarreime in absteigender Linie

Von den Gästen

Was einer ist, was einer war,
beim Scheiden wird es offenbar.

Ruft er »Auf Nimmerwiedersehn«,
dann laß ihn frohen Herzens gehn.

Sagt er: »Lebt wohl, so leid mir's tut«,
dann seid mal lieber auf der Hut.

Tut er nur »Tschau, bis dann dann« brommen,
dann wird das Arschloch wiederkommen.

Von der Ruhe

Du bist so fahrig und wärst gerne
ganz ruhig, guter Freund? Dann lerne:

Den Bereich der Dunkelheiten
immer heiter zu durchschreiten,

Das Erinnern, das Vergessen
stets zufrieden zu durchmessen,

Dich, sowie das Ich des Andern
muntern Sinnes zu durchwandern –:

Und du strahlst ne Ruhe aus,
die zieht dir die Schuhe aus.

Vom Leben

Dein Leben ist dir nur geliehn –
du sollst nicht daraus Vorteil ziehn.

Du sollst es ganz dem Andren weihn –
und der kannst nicht du selber sein.

Der Andre, das bin ich, mein Lieber –
nu komm schon mit den Kohlen rüber.

Zu zwei Sätzen von Eichendorff

Dämmrung will die Flügel spreiten,
wird uns alsobald verlassen,
willst du ihren Flug begleiten,
mußt du sie am Bürzel fassen.

Freilich, mancher, der so reiste,
fiel aus großer Höh' hinunter,
weil er einschlief und vereiste.
Hüte dich, bleib wach und munter.

Mondgedicht

. . , –

fertig ist das Mondgedicht

Vater und Sohn I

»Wie heißt du denn, mein blauäugiges Kind?
Wie heißt du denn, mein Liebling so jung?«
»Ich heiße glaub' ich Havemeyer.
Ja, ich heiße Havemeyer, glaub' ich.«

»Und heißest du Glaubich Havemeyer,
dann bist du mein Sohn, mein Liebling so jung.
Denn auch ich heiße, freu dich, Havemeyer,
Ja, ich heiße Havemeyer, freu dich.«

»Und heißest du Freudich Havemeyer,
so bist du nicht mein Vater, du Sack.
Mein Vater hieß nämlich Friedrich, nicht Freudich,
und ich bin sein Sohn Kurt.«

Vater und Sohn II

»Was möchtest du sein, wenn du groß bist?
Was möchtest du sein, wenn du groß bist, mein Sohn?«
»Dann möchte ich gern ein Professor sein.
Ein Professor möchte ich sein, Vater.«

»Du wirst aber nie ein Professor sein,
ein Professor wirst du nie, mein Sohn.
Weil du dazu zu dumm bist, verstehst du,
dir fehlt es ganz einfach da oben.«

»Und werde ich nie ein Professor sein,
so werde ich doch General, mein Vater.
Nur sag mir, wo oben fehlt was mir, mein Vater,
und wer ist zu dazu du dumm?«

Deutung eines
allegorischen Gemäldes

Fünf Männer seh ich
inhaltsschwer –
wer sind die fünf?
Wofür steht wer?

Des ersten Wams strahlt
blutigrot –
das ist der Tod
das ist der Tod

Der zweite hält die
Geißel fest –
das ist die Pest
das ist die Pest

Der dritte sitzt in
grauem Kleid –
das ist das Leid
das ist das Leid

Des vierten Schild trieft
giftignaß –
das ist der Haß
das ist der Haß

Der fünfte bringt stumm
Wein herein –
das wird der
Weinreinbringer sein.

Lokal-Bericht

Dichter Dorlamm tritt in ein Lokal,
und er sagt sich: Na, dann wolln wir mal!

Na dann wolln wir mal – hier stockt er schon,
denn am Tresen steht der Gottessohn.

Steht am Tresen und bestellt ein Bier,
und der Wirt schiebt ihm eins rüber: Hier.

Hier das Bier. Der Gottessohn ergreift es.
Da ertönt ein Lied. Und Dorlamm pfeift es.

Pfeift das Lied ›O Haupt voll Blut und Wunden‹.
O, sagt Jesus, danke, sehr verbunden.

Wirklich freundlich, sind Sie etwa Christ?
Nein, sagt Dorlamm da, weil er's nicht ist.

Bin es nicht, sagt er, bin's nie gewesen.
Jesus zieht ihn lächelnd an den Tresen.

Zieht ihn, um zugleich dem Wirt zu winken:
Dieser Herr will sicher auch was trinken!

Ja der Herr? Was darf es denn da sein?
Ich, sagt Dorlamm, möchte einen Wein.

Einen Wein? Der Wirt füllt den Pokal.
Na, sagt Jesus, Prost. Dann wolln wir mal!

Dorlamm meint

Dichter Dorlamm läßt nur äußerst selten
andre Meinungen als seine gelten.

Meinung, sagt er, kommt nun mal von mein,
deine Meinung kann nicht meine sein.

Meine Meinung – ja, das läßt sich hören!
Deine Deinung könnte da nur stören.

Und ihr andern schweigt! Du meine Güte!
Eure Eurung steckt euch an die Hüte!

Laßt uns schweigen, Freunde! Senkt das Banner!
Dorlamm irrt. Doch formulieren kann er.

Als er sich mit vierzig im Spiegel sah

Seht mich an: der Fuß der Zeit
trat mir meine Wangen breit.
Schaut mein Ohr! Die vielen Jahre
drehten es in's Sonderbare!
Ach des Kinns! Es scheint zu fliehn,
will die Lippen nach sich ziehn!
Ach der Stirn! Die vielen Falten
drohen mir den Kopf zu spalten!
Die Nase! O, wie vorgezogen!
Der Mund! So seltsam eingebogen!
Der Hals! So krumm! Die Haut! So rot!
Das Haar! So stumpf! Das Fleisch! So tot!

Nur die Augen lidumrändert
strahlen blau und unverändert,
schauen forschend, klar und mild
auf's und aus dem Spiegelbild,
leuchten wie zwei Edelsteine –
Sind das überhaupt noch meine?

Tagesbefehl

Leute, bitte geht nach Haus,
hier bricht um zwölf der Friede aus,
dann wird nicht mehr geschossen.
Dann hat es sich mit dem Bummbumm,
wer tot ist, falle sofort um,
der Krieg wird gleich geschlossen.

Leute, bitte gebt jetzt Ruh.
Ich mach schon mal den Krieg hier zu,
man kann nicht immer meucheln.
Nein, Bäcker, jetzt wird Brot gemacht,
jetzt wird kein Feind mehr totgemacht,
jetzt heißt es Freundschaft heucheln.

Leute, bitte macht jetzt Schluß,
der nächste ist der letzte Schuß.
Nun seid nicht gleich beleidigt.
Hört auf, sonst gibts eins vor den Bug,
ihr habt hier wirklich lang genug
das Abendland verteidigt.

Die Welt und ich

Hab der Welt ein Buch geschrieben
ist im Laden gestanden
waren da viele, die es fanden
hat's aber keiner kaufen wollen.

Hab der Welt ein Bild gemalt
ist in einer Galerie gehangen
sind viele Leute daran vorbeigegangen
haben es nicht einmal angeschaut.

Hab ein Lied erdacht für mich
hab's nur so vor mich hingesummt
sind alle ringsum verstummt
haben geschrien: Aufhören!

Einmal hin und zurück

Kopf, Kopf, Kopf
so hart und rund
war nicht irgendwo ein Mund?
Na, vielleicht auf dem Rückweg

Hals, Hals, Hals
so weiß und weich
wie hieß das darunter gleich?
Schlüsselbein, wenn ich nicht irre

Brust, Brust, Brust,
so fest und klein
das kann doch nicht alles sein –
Richtig! Da geht's weiter

Bauch, Bauch, Bauch
so weich und weiß
wärmer, wärmer, wärmer, heiß –
Na, wer sagt's denn

Bein, Bein, Bein
o soviel Bein
wird es je zuende sein?
Schau, da hat's ja noch Füße

Fuß, Fuß, Fuß
darfst weiter ruhn
ich hab oben noch zu tun:
Hallo, Haare.

Der Sommer in Montaio

Stimmungsgedichte

Juniabend (29. 6. 79)

Vom Tal her steigt Rauch auf.
Ich drehe den Schlauch zu,
gleich gibt's was zu essen.
Der Mond steht als Sichel.
Ich setz mich und trinke,
um zu erinnern.

Wie grün jetzt der Wald ist.
Ein Licht, das sehr kalt wirkt,
strahlt rings aus den Dingen.
Ich zieh mir ein Hemd an.
Der Berg sieht so fremd aus.
Die Waldvögel schweigen.

25. 7. 79

Das ist ja witzig, wie die Wolke sich zerfieselt.
Grad eben war sie noch kompakt, nun rieselt
so eine dunkle, schlierenhafte Molke
quer übern weiß der Himmel, is was Wolke?

26. 7. 79

Mensch Meier, fliegt die Schwalbe tief!
Das geht mir ehrlich an die Nieren.
Sie scheint die Gräser zu schwalbieren –
so würde ich es formulieren,
wär dieser Ausdruck nicht so abgenutzt und schief.

29. 7. 79

Der Lorbeer hat die Blätter hochgeklappt,
doch in das Filigran der Zweige schwappt
voll Rohr der Fallwind, der vom Hügel düst
und nun das Tal mit »Schwapp die Ehre« grüßt.

30. 7. 79

Da dengelt jemand – oder sagt man dangelt?
im Tale seine Sense, und es drangelt
sich der Vergleich auf – oder sagt man drängelt?
daß es so klingt, als wenn wer wo was dengelt.

1. 8. 79

Wenn ich die Hügel beschreiben müßte,
was ich nicht muß,
ich wartete, bis die Muse mich küßte
und gäb ihr, bevor ich mich stiekum verpißte,
die Feder und sagte: Tu du's.

4. 8. 79

Siehst du den Löw' dort stehen?
Er ist nur halb zu sehen
und ist doch rot und dumm.
(Der Löwe ist aus lauter Ton.
Halb zudeckt ihn der Efeu schon,
bald rankt er ihn ganz um.)

7. 8. 79

Wie klar sie sind – das Licht, die Luft;
die Regenfront ist schnell verpufft,
so daß die Sonne wieder sticht.
Du – alles klar, die Luft, das Licht.

10. 8. 79

Rot ist der Wein aus Grimoli,
rot glänzt das Dorf im Tale,
rot wird mein Liebchen, wenn ich sie
mit Kadmium bemale.

18. 8. 79

Ach seht, schon ist der Regen aus,
die letzten Hunde bell'n nach Haus,
kaum kann ich mir verkneifen,
das Lied »Schon ist der Regen aus,
die letzten Hunde bell'n nach Haus«
quer durch die Nacht zu pfeifen.

20. 8. 79

Welch Gekreische,
welch Gebromme,
Kinder sind's beim Brombeerpflücken.
Kreischend pflücken sie
die Beeren,
welche drob voll Mißmut brommen.

22. 8. 79

Ich blick nach oben und seh Wein.
Ich blick nach unten und seh Stein.
Der Wein hängt hoch, der Stein liegt nah,
des Rätsels Lösung: Pergola.

Spätsommertag (15. 9. 79)

Nun ist der Wein bereits am Sichverfärben.
Die ersten Blätter lappen leicht ins Gelbe.
Die Sonne hält voll drauf. Exakt dieselbe,
die erst ihr Grünen sah, sieht nun ihr Sterben.

Und dennoch wäre es echt schwach zu glauben,
den ganzen Terror könne man vergessen.
Blattmäßig läuft nichts mehr. Gebongt. Stattdessen
schwillt neues Leben, ach, zu prallen Trauben.

Welt, Raum und Zeit

In den Köpfen der betagten Katzen
spiegelt sich die Welt in starken Bildern:
Mäusetürme ragen steil ins Blaue,
Nierentische stehn in ihren Hallen,
Leberhaken ragen aus den Wänden,
all das wartet nur auf ihre Tatzen
in den Köpfen der betagten Katzen.

In den hochbetagten Katzenköpfen
gliedert sich der Raum in klare Zonen:
Fauladelphia, Ratzibor und Essen
sind die einz'gen Städte, die sie kennen,
doch Paris liegt für sie an der Sahne,
und die malt sich breit, nicht auszuschöpfen
in den hochbetagten Katzenköpfen.

In den Köpfen der betagten Katzen
fächert sich die Zeit in reine Takte:
heißt der erste Tag der Woche Mordtag,
fällt der Sommeranfang in den Jauli,
schreiben wir schon bald das Jahr Zweimausend,
denn die Stunden fliehn dahin wie Spatzen
in den Köpfen der betagten Katzen.

Umgang mit Tieren aus der Tiefe

Und es kommen Tiere aus der Tiefe,
Tiere, die, wenn man sie riefe,
schweigend in der Tiefe blieben,
nie gesehen, nie beschrieben:

Nur dein Rufen läßt sie schlafen.
Rufe! Schrei zum Steinerweichen!
Und du wirst den letzten Hafen
ohne Zwischenfall erreichen.

Lied der Männer

Die Trauer beim Betrachten großer Hecken
gleicht jener, die wir sonst nur dann empfinden,
wenn wir den Lorbeer aus dem Haare winden,
weil es heißt »Fertig machen zum Verrecken« –
die Trauer beim Betrachten großer Hecken.

Das Frösteln beim Betasten kühler Eisen,
wir kennen es, seitdem wir jene sahen,
die in den Zug einstiegen, der sein Nahen
nur unterbrach, um kurz drauf zu entgleisen –
das Frösteln beim Betasten kühler Eisen.

Die Sehnsucht beim Betreten feuchter Planken,
sie wird uns bis an jenen Tag begleiten,
an dem wir schweigend durch die letzte Pforte reiten,
zu schwach zum Fluchen, doch zu stolz zum Danken –
die Sehnsucht beim Betreten feuchter Planken.

Trost im Gedicht

Denk dir ein Trüffelschwein,
denks wieder weg:
Wird es auch noch so klein,
wird nie verschwunden sein,
bleibt doch als Fleck.

Was je ein Mensch gedacht,
läßt eine Spur.
Wirkt als verborgne Macht,
und erst die letzte Nacht
löscht die Kontur.

Hat auch der Schein sein Sein
und seinen Sinn.
Mußt ihm nur Sein verleihn:
Denk dir kein Trüffelschwein,
denks wieder hin.

Wer von den Fünfen bist Du?

Wie lange kann man sich selber betrügen –
das ist die Frage.
Beim einen dauert es lediglich Stunden,
beim anderen Tage.
Der dritte bringt es auf mehrere Wochen,
der vierte auf Jahre.
Der fünfte glaubt, in der Wiegen zu liegen,
und liegt auf der Bahre.

Der Nachbar

Alles ist eitel, eins aber stört:

Der Nachbar, der mit schwerer Hand
nach deinem Hörnchen greift,
es anbeißt und dann liegen läßt,
weil es, meint er, nicht schmeckt,

der langsam kauend »Scheiße« schnauft
und auf das Hörnchen zeigt,
dann noch ein weiteres Stück abbricht,
das er sich in den Mund tut,

der schmatzt und zu verstehen gibt,
er ließe es zurückgehn,
das Hörnchen, dessen Zipfel nun
ganz krümlig auf dem Tisch liegt,

der auch den Zipfel noch verspeist
und sehr verärgert sagt:
»Sie sitzen da und lassen mich
hier die ganze Drecksarbeit tun«.

Indianergedicht

Als aber der Pferdehändler nicht abließ,
auf Winnetou einzuteufeln,
bemerkte dieser in seiner *ein*silbigen Art:

Mann, dein Pferd
ist nichts wert.
Hier: das Bein
ist zu klein.
Dort: das Ohr
steht nicht vor.
Da: der Gaul
hat kein Maul.
Schau: der Schwanz
fehlt ihm ganz.
Und es trabt
nicht so recht,
denn das Pferd
ist ein – Specht!
Du viel dumm,
ich viel klug.
Hugh!

Samstagabendfieber

Wenn mit großen Feuerwerken
Bürger froh das Dunkel feiern,
sich an Bier und Fleischwurst stärken
und in die Rabatten reihern,

Wenn sie in den Handschuhfächern
kundig nach Kondomen tasten,
und die breiten Autos blechern
strahlend ineinanderhasten,

Wenn in Häusern bunte Schatten
herrlich aufeinander schießen,
sich verprügeln, sich begatten,
bis die letzten Kinos schließen,

Wenn dann in zu lauten Räumen
viele Menschen sich bewegen
und beim Lärmen davon träumen,
stumm einander flachzulegen,

Wenn am Ende Franz und Frieda
glücklich in der Falle liegen –:
Wer gedenkt dann jener, die da
noch eins in die Fresse kriegen?

Nichtzutreffendes bitte streichen

Der bleiche Deichgraf war erst sechzehn Jahre alt.
Sein Auge schaute trüb und/oder kalt.
Ihm war so traurig.

Da trat ein Herr/Frau/Fräulein ins Gemach,
ein seltsam Wesen, das die Worte sprach,
sie war'n so schaurig:

»Ich bin ein Geist, ich finde niemals Frieden.«
Und damit ist er ledig/verh./geschieden
in Richtung Aurich.

Trost und Rat

Ja wer wird denn gleich verzweifeln,
weil er klein und laut und dumm ist?
Jedes Leben endet. Leb so,
daß du, wenn dein Leben um ist

von dir sagen kannst: Na wenn schon!
Ist mein Leben jetzt auch um,
habe ich doch was geleistet:
ich war klein *und* laut *und* dumm.

Dreißigwortegedicht

Siebzehn Worte schreibe ich
auf dies leere Blatt,
acht hab' ich bereits vertan,
jetzt schon sechzehn und
es hat alles längst mehr keinen Sinn,
ich schreibe lieber dreißig hin:
Dreißig.

Ach, Erika

Ach Erika, mein Kind, mein Reh,
schon wenn ich dich von weitem seh,
zieh ich mein Messer.

Mein Messer ist sehr nackt und breit,
es hat nicht Schuh, nicht Strumpf, nicht Kleid,
und nun sieh dich an.

Du bist so schön wie Schnee und Blut,
hast Schuh und Strumpf und Kleid und Hut,
die leg mal ab, Schatz.

Jetzt stehst du da, wie Gott dich schuf,
ganz ohne Schweif und Horn und Huf,
und nun sieh mich an.

Ach Erika, mein Reh, mein Kind,
die Menschen sind so, wie sie sind,
doch ich bin keiner.

Der Tag, an dem das   verschwand

Am Tag, an dem das   verschwand,
da war die uft vo Kagen.
Den Dichtern, ach, verschug es gatt
ihr Singen und ihr Sagen.

Nun gut. Sie haben sich gefaßt.
Man sieht sie wieder schreiben.
Jedoch:
Soang das   nicht wiederkehrt,
muß aes Fickwerk beiben.

Testament

Wo ist die Kasse?
Wo ist der Stift?
Wo ist die Tasse?
Wo ist das Gift?

Da liegt ja die Kasse!
Da steckt ja der Stift!
Da steht ja die Tasse!
Da ist ja das Gift!

Sie kriegt die Kasse.
Er kriegt den Stift.
Du kriegst die Tasse.
Ich nehm das Gift.

Materialien zu einer Kritik der bekanntesten Gedichtform italienischen Ursprungs

Sonette find ich sowas von beschissen,
so eng, rigide, irgendwie nicht gut;
es macht mich ehrlich richtig krank zu wissen,
daß wer Sonette schreibt. Daß wer den Mut

hat, heute noch so'n dumpfen Scheiß zu bauen;
allein der Fakt, daß so ein Typ das tut,
kann mir in echt den ganzen Tag versauen.
Ich hab da eine Sperre. Und die Wut

darüber, daß so'n abgefuckter Kacker
mich mittels seiner Wichserein blockiert,
schafft in mir Aggressionen auf den Macker.

Ich tick nicht, was das Arschloch motiviert.
Ich tick es echt nicht. Und wills echt nicht wissen:
Ich find Sonette unheimlich beschissen.

Psalm

Bei dem Tanz ums goldene Kalb
gab es unschöne Szenen.
Ich möchte hier nur dreieinhalb
der unschönsten erwähnen:

David beispielsweise trat
Aaron auf die Zehen,
was er mit dem Satz abtat,
es sei gern geschehen.

Oder Saul, der plötzlich schrie,
er sei Gottes Enkel,
denn er trage seine Knie
unterhalb der Schenkel.

Oder Habakuk, der Hirt,
der beim Tanz so patzte,
daß sein Leitbock sich verwirrt
an den Leisten kratzte.

Oder Moses, der das Kalb,
statt es zu erschießen –
doch das sind schon dreieinhalb
Szenen. Ich muß schließen.

Sela.

IV

Liebesgedicht

Kröten sitzen gern vor Mauern,
wo sie auf die Falter lauern.

Falter sitzen gern an Wänden,
wo sie dann in Kröten enden.

So du, so ich, so wir.
Nur – wer ist welches Tier?

Ermunterung

Hallo, süße Kleine,
komm mit mir ins Reine!

Hier im Reinen ist es schön,
viel schöner, als im Schmutz zu stehn.

Hier gibt es lauter reine Sachen,
die können wir jetzt schmutzig machen.

Schmutz kann man nicht beschmutzen,
laß uns die Reinheit nutzen,

Sie derart zu verdrecken,
das Bettchen und die Decken,

Die Laken und die Kissen,
daß alle Leute wissen:

Wir haben alles vollgesaut
und sind jetzt Bräutigam und Braut.

Geständnis

Ich habe ein großes Gefühl für dich.

Wenn ich an dich denke,
gibt es mir einen Schlag.
Wenn ich dich höre,
gibt es mir einen Stoß.
Wenn ich dich sehe,
gibt es mir einen Stich:
Ich habe ein großes Gefühl für dich.

Soll ich es dir vorbeibringen,
oder willst du es abholen?

Die Lust kommt

Als dann die Lust kam, war ich nicht bereit.
Sie kam zu früh, zu spät, kam einfach nicht gelegen.
Ich hatte grad zu tun, deswegen
war ich, als da die Lust kam, nicht bereit.

Die Lust kam unerwartet. Ich war nicht bereit.
Sie kam so kraß, so unbedingt, so eilig.
Ich war ihr nicht, nicht meine Ruhe, heilig.
Da kam die Lust, und ich war nicht bereit.

Die Lust war da, doch ich war nicht bereit.
Sie stand im Raum. Ich ließ sie darin stehen.
Sie seufzte auf und wandte sich zum Gehen.
Noch als sie wegging, tat es mir kaum leid.
Erst als sie wegblieb, blieb mir für sie Zeit.

Frommer Wunsch

Mein Mantel hat einen Gürtel.

Der ist immer da,
doch ich brauche ihn nie.

Der hängt von mir ab,
doch ich binde ihn nie.

Der ist nützlich und schmuck,
doch ich sehe ihn nie:

So wünsch ich mir meine Gefährtin.

Verwunderung

Daß es dich gibt, trotz alledem,
ja – ist denn das zu fassen?
Mein Liebling, ich verließ dich doch,
du kannst dich drauf verlassen:
Ich kehr nie mehr zu dir zurück,
du bist für mich gestorben.
Für mich, das meint: für alle Welt.
Dem, der um dich geworben,
sag bitte, es sei unsinnig,
wenn er dir sagt, er liebt dich.
Er kann nicht lieben, was nicht ist,
und dich, mein Liebling, gibt's nicht.

Zwei erinnern sich

Aber das war doch das Glück!
Als wir auf dieser Terrasse standen,
als sich erst Worte, dann Finger, dann Lippen fanden,
und ich beugte mich vor,
und du lehntest dich zurück –
»Das war nicht das Glück!«

Aber doch! Das war das Glück!
Als wir dann diese Treppe hochstiegen,
so heiß und von Sinnen, daß wir meinten zu fliegen,
und dann sprang diese Tür auf,
und es gab kein Zurück –
»Aber das war doch nicht das Glück!«

Aber ja doch! Das war das Glück!
Als wir uns zwischen diesen Laken verschränkten
und gaben und nahmen und raubten und schenkten,
und wer immer etwas gab,
erhielt es tausendfach zurück –
»Das war unser Unglück.«

Freßgaß, Ende August

So laufen Männer heute rum,
so sinnlos, geistarm, körperdumm:

Sie zeigen einen nackten Arm,
der ist so blöd, daß Gott erbarm.

*Diese nackten Arme, die immer aus diesen
knappgeschnittenen Shirts herausragen!*

Sie zeigen einen nackten Hals,
dem fehlt's an Klugheit ebenfalls.

*Diese nackten Hälse, die immer in diesen
bescheuerten Köpfen enden!*

Sie zeigen einen nackten Bauch,
das Hemd ist kurz, das Hirn ist's auch.

*Diese nackten Bäuche, die immer in diese
Jeans eingeschnürt werden!*

Sie zeigen sich halbnackt und stolz
und sind so stumpf und dumpf wie Holz.

Diese halbnackten Männer, die immer so
bedeutend durch die Gegend schreiten!

Sie zeigen, daß sie leben.
Auch das wird sich mal geben.

Herbstlicher Baum
in der Neuhaußstraße

Wie sehr bemerkenswert ist doch
ein dunkler Baum, durch den ein Wind geht,
wenn dieser Wind schön mild ist und
der große Baum scharf gegens Licht steht,
doch so, daß er am andern Rand
sich ganz und gar vereint dem Glänzen.
So also, links vom Licht begrenzt
und rechts so lichterfüllt, daß Grenzen
im Leuchten einfach weg sind und
ein Seufzer kommt aus meinem Mund.

Revision im Spiegel

Wenn ich meinen Hals betrachte,
fühl ich, wie ich mich verachte.

Wenn ich meinen Mund beschaue,
spür ich, daß ich mir vertraue.

Wenn ich meine Stirn besehe,
denk ich, daß ich mich verstehe,

Dann ein Blick aus meinen Augen –
und ich weiß, wieviel wir taugen.

Weder noch

Ach nein, ich kann kein Schächer sein,
da müßt' ich wilder, frecher sein,
wahrscheinlich auch viel böser;

Und weil ich lau und feige bin,
nicht Bratsche und nicht Geige bin,
langt's nicht mal zum Erlöser.

Siebenmal mein Körper

Mein Körper ist ein schutzlos Ding,
wie gut, daß er mich hat.
Ich hülle ihn in Tuch und Garn
und mach ihn täglich satt.

Mein Körper hat es gut bei mir,
ich geb' ihm Brot und Wein.
Er kriegt von beidem nie genug,
und nachher muß er spein.

Mein Körper hält sich nicht an mich,
er tut, was ich nicht darf.
Ich wärme mich an Bild, Wort, Klang,
ihn machen Körper scharf.

Mein Körper macht nur, was er will,
macht Schmutz, Schweiß, Haar und Horn.
Ich wasche und beschneide ihn
von hinten und von vorn.

Mein Körper ist voll Unvernunft,
ist gierig, faul und geil.
Tagtäglich geht er mehr kaputt,
ich mach ihn wieder heil.

Mein Körper kennt nicht Maß noch Dank,
er tut mir manchmal weh.
Ich bring ihn trotzdem übern Berg
und fahr ihn an die See.

Mein Körper ist so unsozial.
Ich rede, er bleibt stumm.
Ich leb ein Leben lang für ihn.
Er bringt mich langsam um.

Noch einmal: Mein Körper

Mein Körper rät mir:
Ruh dich aus!
Ich sage: Mach ich,
altes Haus!

Denk aber: Ach, der
sieht's ja nicht!
Und schreibe heimlich
dies Gedicht.

Da sagt mein Körper:
Na, na, na!
Mein guter Freund,
was tun wir da?

Ach gar nichts! sag ich
aufgeschreckt,
und denk: Wie hat er
das entdeckt?

Die Frage scheint recht
schlicht zu sein,
doch ihre Schlichtheit
ist nur Schein.

Sie läßt mir seither
keine Ruh:
Wie weiß *mein* Körper
was *ich* tu?

Jammer

Da setzt ein großes Tier sich auf
die Knie deines Herzens
und sagt: Mein Freund, erhebe dich.
Mach ernst. Genug des Scherzens.

Sieh deines Herzens Knie an.
Mein lieber Freund, sie bluten.
Da hört der Spaß auf. Es wird
ernst. Das ist zuviel des Guten.

Da willst du deines Herzens Knie
vom Erdboden erheben.
Da ist das große Tier zu schwer.
So mußt du weiterleben.

Nachdem er durch Rom
gegangen war

Arm eng, arm schlecht
Arm grau, arm dicht
Reich weit, reich schön
Reich grün, reich licht.

Arm klein, arm schwach
Reich groß, reich stark
Arm heiß, arm Krach
Reich kühl, reich Park.

Arm Rauch, arm Schmutz,
Arm Müll, arm Schrott
Reich Ruhm, reich Glanz
Reich Kunst, reich Gott.

Endstation Einsicht

Im Freak-Café,
da endet man,
wie man auf einer
Klippe landet.
Man fragt nicht lang,
krallt sich nur fest,
greift zu und trinkt.
Vom Lärm umbrandet
schaut man sich um
und hört schnell weg.
Was sich da
lumpenhaft gewandet
laut mitteilt,
weiß nicht, was es sagt.
Doch dort, wo solch
Gelall versandet,
in müdem Kopf,
wird Einsicht wach:
Bist nicht gerettet,
bist gestrandet.

Roma aeterna

Das Rom der Foren, Rom der Tempel
Das Rom der Kirchen, Rom der Villen
Das laute Rom und das der stillen
Entlegnen Plätze, wo der Stempel

Verblichner Macht noch an Palästen
Von altem Prunk erzählt und Schrecken
Indes aus moosbegrünten Becken
Des Wassers Spiegel allem Festen

Den Wandel vorhält. So viel Städte
In einer einzigen. Als hätte
Ein Gott sonst sehr verstreuten Glanz

Hierhergelenkt, um alles Scheinen
Zu steingewordnem Sein zu einen:
Rom hat viel alte Bausubstanz.

Doppelte Begegnung
am Strand von Sperlonga

Die Sonne stand schon tief.
Der Strand war weit und leer.
Schräg ging mein Schatten vor mir her,
indes der deine lief.

Du warst mir unbekannt.
Ihr nähertet euch schnell.
Dein Schatten dunkel und du hell,
so kamt ihr übern Strand.

Sehr schön und ziemlich nackt
liefst du an mir vorbei.
Da warn die Schatten nicht mehr zwei,
sie deckten sich exakt.

Wir sahn euch lange nach.
Ihr drehtet euch nicht um.
Ihr lieft, du und dein Schatten, stumm,
von uns sprach einer: Ach.

Deutscher im Ausland

Ach nein, ich bin keiner von denen, die kreischend
das breite Gesäß in den Korbsessel donnern,
mit lautem Organ »Bringse birra« verlangen
und dann damit prahlen, wie hart doch die Mark sei.

Ach ja, ich bin einer von jenen, die leidend
verkniffenen Arschs am Prosecco-Kelch nippen,
stets in der Furcht, es könnt jemand denken:
Der da! Gehört nicht auch der da zu denen?

Sibilla

Sibilla, die nicht richtig hinsehen kann.
Ihre Augen, die ständig umherschweifen,
als müsse sie jeden Moment die Flucht ergreifen,
Sibilla, die man nicht richtig ansehen kann.

Sibilla, die nicht richtig zuhören kann.
Ihr Kopf, den sie ruckartig abwendet,
die einen Satz beginnt, den sie nicht beendet,
Sibilla, der man nicht richtig zuhören kann.

Sibilla, die nicht richtig gehen kann.
Ihre Füße, die sie gedankenlos setzt,
dann einen hochschnellt, als sei er verletzt,
Sibilla, mit der man nicht richtig gehen kann.

Sibilla, die nicht richtig essen kann.
Ihre Hände, die sich abdrehen und spreizen,
als würde sie ein plötzlicher Stromstoß reizen,
Sibilla, mit der man nicht essen gehen kann.

Sibilla, die richtig trinken kann.
Die hinsieht, zuhört, tänzelt und lacht,
zum Glas greift, redet und Männer anmacht,
Sibilla, die nicht so viel trinken sollte.

Weheklag

Italiener sein, verflucht!
Ich hab es oft und oft versucht –
es geht nicht.

Bin doch zu deutsch, bin schlicht zu tief –
wen's auch schon zu den Müttern rief,
versteht mich.

Die Mütter sind so tief wie doof,
ich gäbe gerne Haus und Hof
fürs Flachsein.

Hab weder Hof, hab weder Haus,
muß untergehn mit Faust und Maus
und Ach! schrein.

Balin, Balin

Ma wieda durch Balin jejangen,
die Luft jeschnuppert, Atmosphäre einjefangen –
Balin!
Du – deine Hände sind abjearbeitet und blau
wie bei eina – na! ich meine die Dingsda, die Frau,
die wo immer die Kinda jebären tut – na!
die Mutta!
Balin!
Einst jingste im Pelz.
Nu hatta Löcha im Futta.
Loch reiht sich an Loch –
und doch!
Und doch schleppste dia imma noch munta fort
von Balin Süd bis Balin Nord,
vom Kuhdamm bis zu'n Linden –
Balin!
Wenn et dia nich jäbe,
man müßte dia erfinden.
Wenn de nich schon erfunden wärst –
et müßte dia jeben.
Balin!
Muß ick ooch fern von dia leben,
mein Herz wohnt imma noch in –
Dortmund? Nee!
Duisburch? Nee bewahre!
Mannheim? Da doch nich!
Köln, Bonn, Kiel, Hamm, Hof, Graz, Wien?
Ach wat! Mein Herz wohnt imma noch in
Dusseldorf.

Auch eine Ästhetik

Gefragt, was er eigentlich wolle, sagte er:

Will nicht das Theater erneuern.
Habe dergleichen auch niemals erwogen.
Weiß nämlich gar nichts vom alten Theater.
Kann also gar kein Theater erneuern.

Will nicht die Prosa revolutionieren.
Achte doch sonst auch auf Vorschrift und Regel.
Halte bei Rot und fahre bei Grün an.
Gebe Gas und bremse genauso beim Schreiben.

Will nicht das Gedicht vorwärtsbringen.
Denke immer, es sollte *mir* weiterhelfen.
Frage mich, wo vorn und hinten ist bei Gedichten.
Weiß nur, daß sie Anfang und Ende haben.

Will nicht die Grenzen der Kunst erweitern.
Hab eher Angst, mich in ihr zu verlieren.
Fühlte in kleinerer Kunst mich viel wohler.
Stapf dennoch pfeifend querbeet durch die große.

So macht er sich Mut.

Leiden und Leben und
Lesen und Schreiben

Ich will alles sagen dürfen,
Wort aus jeder Wunde schürfen:

Scheiß der Hund drauf, das Gelingen
läßt sich einfach nicht besingen.

Wer will vom Gelingen lesen?
Höchstens reichlich flache Wesen.

Lieber sprech ich doch zu jenen,
die sich nach was Tiefem sehnen.

Die, wenn die Geschäfte laufen,
gerne etwas Schicksal kaufen.

Seiten voller Schmerz und Wunden
adeln allzu satte Stunden.

Verse voller Pein und Leiden
nützen letzten Endes beiden:

Die da bluten, die da blättern,
beide sehnen sich nach Rettern.

Deshalb muß es beide geben,
die da leiden, die da leben.

Die da lesen, soll man rühren,
weiter sowie höher führen.

Und die andern, wir, die schreiben,
sollten auf dem Teppich bleiben.

Ecklokal mit Verlierer

Verlierer, komm mir nicht zu nah!
Doch der Verlierer denkt nicht dran
Der hebt sein Glas, macht Frauen an
Und ist für diese Fraun nicht da

Wie er auch feixt und Stühle rückt
Die Frauen setzen sich nicht drauf
Er lärmt und lacht und gibt nicht auf
Und weiß schon, daß ihm gar nichts glückt

Da ihm noch niemals was gelang
Da er noch stets der Dumme war
Der, den noch jede Frau, sogar
Die letzte, in die Knie zwang

So wieder jetzt. Was sucht er hier?
Nun ist's nicht ratsam aufzuschaun
Schon irrt sein Blick ab von den Fraun
Schon hat er jemand im Visier

Schon schwallt er was von einem Schwatz
Den müßt er haben dann und wann
So richtig stark, von Mann zu Mann – ...
Verlierer, komm. Hier ist noch Platz.

Der Zähe

Wo du auch hingehst –
Ich bin schon da.

Wie weit du auch wegläufst –
Ich bin dir nah.

Wo du auch reinfällst –
Ich hol dich raus.

Nenn du mich nur Ratte –
Ich nenn dich Maus.

Der Wanderer

Viel hätte nicht gefehlt,
er hätte aufgeschrien.
Da lag das Meer vor ihm,
auf das die Sonne schien.
Und fliegende Fische!

So lange unterwegs,
daß er zu träumen meint.
Da liegt das Meer vor ihm,
und eine Sonne scheint
auf fliegende Fische.

Zu schön, um wahr zu sein,
er hat rasch kehrtgemacht.
Als er dann innehielt,
war Berg um ihn und Nacht.
Und heulende Hunde.

Alle oder nichts

Der da! Wie ist er so allein!
Da kommen sieben Frauen rein,
ihn herzlich zu begrüßen.
Zwei reiben ihm die Wangen warm,
zwei lagern sich in seinen Arm
und zwei zu seinen Füßen.
Die siebte aber! Ach! Sie schweigt!
Nicht ab-, doch auch nicht zugeneigt
bestellt sie einen Wein:
Der da! Wie fühlt er sich allein!

Gemachter Mann

Mit langen Schritten über große Terrassen gehen,
über solche, die einem gehören natürlich,
das ist ein Gefühl, meine Liebe,
unübertroffen.

Sagen Sie nichts. Entziehen Sie nicht Ihre Hände.
Lassen Sie sie verschränkt in den meinen.
Diesen Moment, meine Schöne,
ersehne ich lange.

Gehn wir ins Haus? Nun wird es doch merklich kühler.
Zeit fürn Kamin und ein Schlückchen. Da lang.
Quer über jene Terrasse,
übrigens meine.

Katzengedichte

Von einer Katze lernen
heißt siegen lernen.
Wobei siegen »locker durchkommen« meint,
also praktisch: liegen lernen.

Sie sind ein sieghaftes Geschlecht,
diese Katzen.
Es gibt ihrer so viele wie Spatzen im Land.
Doch wer streichelt schon Spatzen?

Sie ist gar kein rätselhaftes Tier,
so eine Katze.
Sie will viel Fraß, etwas Liebe, doch meist
horcht sie an der Matratze.

Was eine einzige Katze uns lehrt,
lehren uns alle:
So viel wie möglich nehmen, ohne zu geben,
und dann ab in die Falle.

2

Mit einer Katze leben,
heißt die Katze überleben.
Jedenfalls dann, wenn man noch mitten im Leben steht.
Eine Katze steht schneller daneben.

Wie alt wird so eine Katze?
Maximal zwanzig Jahre.
Viele streckt's aber auch schon früher hin
auf die, sagen wir ruhig: Bahre.

Die ist dann vielleicht dein Schreibtisch.
Darauf kriegt sie ihre Injektion.
Sie seicht dir noch rasch die Tischplatte voll,
und das war's dann auch schon.

Eine Katze haben,
heißt eine Katze verlieren.
Andere mögen von Menschen reden,
ich rede von Tieren.

Ratschlag

Neun Männer treten bei dir ein,
drei groß, drei mittel und drei klein.

Die großen drei, die schlagen dich,
verspotten dich, verklagen dich.

Die mittleren, die pflegen dich,
umsorgen dich, umhegen dich.

Die kleinen drei verehren dich,
vergöttern dich, begehren dich.

Wirf alle neun aus deinem Haus,
sonst weinst du dir die Augen aus.

Katz und Maus

Die Katze spricht: Ich bin nicht so,
wie alle Welt vermutet.
Ich töte Mäuse, ja, jedoch
mit einem Herz, das blutet.
Mit einem Herz, das zuckt und schreckt,
mit einem Herz, das leidet –
Mit meinem Herz? Nein, dem der Maus!
Denn wenn uns etwas scheidet,
die Maus und mich, dann ist es das:
Ich bin der Fresser. Sie ist Fraß.

Schöpfer und Geschöpfe

Am siebenten Tage aber legte Gott die Hände
in den Schoß und sprach:

Ich hab vielleicht was durchgemacht,
ich hab den Mensch, den Lurch gemacht,
sind beide schwer mißraten.

Ich hab den Storch, den Hecht gemacht,
hab sie mehr schlecht als recht gemacht,
man sollte sie gleich braten.

Ich hab die Nacht, das Licht gemacht,
hab beide schlicht um schlicht gemacht,
mehr konnte ich nicht geben.

Ich hab das All, das Nichts gemacht,
ich fürchte, es hat nichts gebracht.
Na ja. Man wird's erleben.

Schön, schöner, am schönsten

Schön ist es,
Champagner bis zum Anschlag zu trinken
und dabei den süßen Mädels zuzuwinken:
Das ist schön.

Schöner ist es,
andere Menschen davor zu bewahren,
allzusehr auf weltliche Werte abzufahren:
Das ist schöner.

Noch schöner ist es,
speziell der Jugend aller Rassen
eine Ahnung von geistigen Gütern zukommen zu lassen:
Das ist noch schöner.

Am schönsten ist es,
mit so geretteten süßen Geschöpfen
einige gute Flaschen Schampus zu köpfen:
Das ist am allerschönsten.

Nachdem er durch Metzingen
gegangen war

Dich will ich loben: Häßliches,
du hast so was Verläßliches.

Das Schöne schwindet, scheidet, flieht –
fast tut es weh, wenn man es sieht.

Wer Schönes anschaut, spürt die Zeit,
und Zeit meint stets: Bald ist's soweit.

Das Schöne gibt uns Grund zur Trauer.
Das Häßliche erfreut durch Dauer.

V

Sehen und Hören und Fühlen
und Denken

Sieh, wie rasch sich Augen finden,
Arme lockern, Finger binden.
Hör, wie zart es Lippen treiben,
Zungen spielen, Wangen reiben.
Fühl, wie tief sich Menschen lieben,
Schenkel spreizen, Knie schieben.
Denk! wie hoch sie sich verschulden,
Herzen brechen, Seelen dulden.

Schweigen und Freude

Es ist viel Schweigen
zwischen Männern und Frauen.
Viel Fremdheit auch,
wenn sie einander beschauen,
und Kummer.

Es eint viel Freude
die, die sich lieben,
Frauen und Männer. Sie
lächeln und schieben
noch eine Nummer.

Zur Beherzigung

Man soll nicht hängen
sein Herz an Dinge,
an Tiere nicht
und nicht an Menschen.
Durch die Zeit sinken sie
wie Steine durchs Wasser.
Weh dem, der sich ihnen
verbunden.

Das Herz ist ein Falke.
Je freier, je höher
reißt es empor
aus dem Strudel der Zeiten,
was es ergreift,
ob Ding oder Wesen.
Wohl dir, wenn dich eines
mitreißt.

Stadtnacht

Mädchen, die zum Vögeln gehen
Nicht, daß sie gevögelt würden
Diese vögeln selber. Hürden
Überspringen sie gleich Rehen

Die dem Bock beweisen müssen
Daß er ungleich mehr genösse
Wenn er sich nur nicht verschlösse
Ihren Wünschen, ihren Küssen –:

Und so ward er denn genommen.
Morgens aber in den Städten
Sieht man stolz ins Zwielicht treten
Mädchen, die vom Vögeln kommen.

Bildnis des Künstlers als
alternder Filou

Bist du bei mir,
fragt sie ihn.
Bist du wirklich bei mir?

Ich bin bei dir,
sagt er ihr.
Ich bin wirklich bei dir.

Er sagt wirklich:
Ich bin bei dir.

Bitte um Trennung

Ich muß dir wehtun, bitte hilf mir, ich
Muß dir jetzt sagen, bitte, sag du selbst,
Was du längst weißt, daß ich es sagen muß:
Es läuft nichts mehr.

Ich, bitte hilf mir, tu mir doch nicht weh
Und sag doch selbst, was ich jetzt sagen muß,
Daß nichts mehr läuft, was du doch wissen mußt:
Weil's nicht mehr läuft.

In Mantua

Du siehst diese scharfe Frau,
sie geht über diesen Platz.
Du denkst, wie scharf die im Bett sein muß,
bei dem Gang.

Du hoffst, diese scharfe Frau
sei im Bett so stumpf wie ihr Typ.
Dich schmerzt, daß der die hernehmen darf
und nicht du.

Man hat dir erzählt, scharfe Fraun
sein im Bett schlicht katastrophal.
Du hast ihnen stets nur zu gern geglaubt,
diesen Stimmen.

Die hatten nie scharfe Fraun,
genausowenig wie du.
Denn hätten die scharfe Fraun gehabt,
wüßten sie:

Scharfe Fraun, die sind nicht scharf,
scharfe Fraun, die machen scharf.
Das macht die Liebe mit scharfen Fraun
so einfach.

Du hast das ja immer geahnt.
Nur schreckte dich die Gesellschaft
dieser schlichten Typen, die sich einfach das nehmen,
was du gern hättest.

Unzeitgemäße Verse

Ihm gesagt

In jeder Frau da steckt
ein Sexualobjekt.
Das muß der Mann erwecken,
sonst bleibt es in ihr stecken.

Ihr gesagt

Zu Frauen kommt man
wie zu Kindern,
paßt kurz nicht auf,
schon sind sie da,
sperren den Mund auf,
nicht daran zu hindern
zu nehmen. Wer je Frauen sah,
der weiß, daß ihre Fähigkeit
zu schlingen
die aller andern Wesen übersteigt,
weshalb der Mann,
wie unter großem Zauber,
den vollen Schnabel stets in
Frauen neigt.

Dem Paar gesagt

In hellen wie in heitern Tagen
soll eine froh die Lust des andern tragen.

Paargesang

Was mir gehört
Was dir gehört
Wir scheren uns nicht drum
Ich nehme, denn ich bin gescheit
Du gibst, denn du bist dumm.

Was mir gefällt
Was dir gefällt
Das ist doch alles eins
Ich kriege schon mein Stück vom Glück
Und wenn ich will, auch deins.

Was mir gebricht
Was dir gebricht
Uns ist das einerlei
Ich weiß ja nicht, was Mangel ist
Denn du entsagst für zwei.

Couplet von der Geilheit

Die Liebe ist stark
und die Zärtlichkeit toll
und beim Tanz nennt sie ihn ihren Schatz.
Aber kommt es zum Schwur,
dann erst raffen sie voll:
Für Geilheit gibt's keinen Ersatz.

Zuzweitsein bestärkt
und Gemeinsamkeit hebt
und am Tag ist für Zweifel kein Platz.
Aber löscht man das Licht,
dann wird hautnah erlebt:
Für Geilheit gibt's keinen Ersatz.

Die Reife schenkt Kraft
und die Weisheit schenkt Ruh
und auch Wunden war'n nicht für die Katz.
Aber fragt man die zwei,
dann geben sie zu:
Wofür?
Für Geilheit?
Was soll's da nicht gegeben haben?
Gab's für Geilheit einen Ersatz, Schatz?
Nein, für Geilheit gab's keinen Ersatz, Spatz.
Für Geilheit gibt's keinen Ersatz.

Lauf der Dinge *oder*
Ballade von den alternden Männern
in diesen bewegten Zeiten

Dann sehn sie sich plötzlich von Dunkel umringt.
Dann leiden sie wie die Hunde.
Dann sagen sie nichts, doch ihre Frauen verstehn,
Die richten sich langsam zugrunde:

Die Arbeit macht sie kaputt
Soviel Arbeit nicht gut

Die Familie macht sie platt
Weh dem, der Familie hat
Und jeden Abend breit
Leid, das zum Himmel schreit

Dann bleiben sie abends auch schon mal zu Haus.
Dann schöpfen sie Trost aus Bäumen.
Dann warten sie lange am Futterplatz,
Um das Eichhörnchen nicht zu versäumen:

Arbeit ist nicht die Welt
Ruhe zählt mehr als Geld
Technik verkommt zur Tortur
Frieden schenkt nur die Natur
Lasse dich fallen, vertrau
Schließ die Augen und schau

Dann reden sie immer öfter von
Der allerletzten Reise.
Erst werden sie ernst. Dann werden sie mild.
Und schließlich werden sie weise.

Grenzen kommen zu Fall
Wirst du eins mit dem All
Die Welt ist unendlich weit
Lebe die Möglichkeit
Niemand kommt jemals ans Ziel
Wer ›Weg‹ sagt, sagt bereits viel –

Der führt dann knapp bis zur jüngeren Frau.
Das schaffen sie grade grade.
Dann machen sie rasch auch noch die zur Sau.
Und das ist eigentlich traurig.

Amour fou in der Metzgerei Illing

Da trat die schiere Schönheit in
den Metzgerladen.
Ein Blick auf schiere Schönheit
kann ja wohl nicht schaden:
Also hinsehn.

Da schlug der pure Wahnsinn
den Beschauer.
Er wünschte sich vom
Augenblicke Dauer:
Also hinsein.

Da frug die Chefin schneidend,
was er wolle.
Da bat er stammelnd, daß
sie das entscheiden solle:
Also Eisbein.

Nichttrinklied

Das Schicksal hat es so gefügt,
daß mir am Alkohol nichts liegt.

Mich lockt nicht Bier, nicht Gin, nicht Wein –
Na ja, ein Wein, der darf schon sein.

Mich lockt nicht Korn, nicht Bier, nicht Gin –
Ist da ein Gin? Dann immer rin!

Mich lockt nicht Wein, nicht Korn, nicht Bier –
Da kommt ein Bier? Das nehmen wir!

Mich lockt nicht Gin, nicht Wein, nicht Korn –
Her mit dem Korn! Und dann von vorn:

Das Schicksal hat es so gefügt,
daß mir am Alkohol nichts liegt etc.

Eine merkwürdige Begegnung
im Schloßpark von Herrnsheim

Im lichten Park von Herrnsheim schreits
Lang war es kalt, nun schmilzt der Schnee
Quer übern Weg ein Defilee
Von Wasserhühnern. Oben kreischts

Im kahlen Astwerk hockt ein Grün
Und schreit, als brächte man es um
Groß klafft sein Schnabel rot und krumm
Kreischt er in Herrnsheims lichtem Park

Da schreits und kreischts und wird beschrien
Von zweitem Grün aus gleichem Baum
Ein Doppelkreischen füllt den Raum
So unerhört wie unverfrorn

In Herrnsheims lichtem, kaltem Park
Gesellt ein drittes Grün sich dem
Was da schon hockt, laut und bequem
Jedoch nicht lang. Ein Kreischen naht

Sich Herrnsheims Park. Im hellen Licht
Stürzt gellend Grün um Grün herbei
Ein vierter, fünfter Papagei
Und reißt die andern schreiend mit

So daß das aufsteigt, grell und stark
Kreischt es durch Herrnsheims lichten Park.

Mühlheim/Main – Blues

Tiefkühl-Strudel in Mühlheim
Jetzt weiß ich, was Hölle ist
Aufgetischt von soner aufgedotzten Lehrerin
In sonem verhärmten Formaldehyd-Haus –:
Bist du da auch runtergestiegen, Jesus Christ?

Sprühdosensahne auf Nescafé
Ich halt mich mit Mühe wach
In dieser patenten Freudlosigkeit
Bei diesem heillosen Gerede –:
Kannst du die Wahrheit vertragen, Jesus?
Du, Christus, kamst nur bis Offenbach.

Auf Reisen

Halt im Frankenland

Wolken wie mit dem Besen gemalt,
weiße Schlieren in nassem Silber,
dann aber alles sehr rasch getrocknet:
Stünde das Laubwerk sonst derart präzise,
dermaßen dunkel vor den Verläufen,
dies Filigran in sanfter Bewegung,
eilig schraffiert von verspäteten Vögeln?

Bussard an der Bahnstrecke Ulm–Augsburg

Der Bussard ist ein stolzes Tier,
bei Jettingen liegt sein Revier.

Dort sitzt er schwer im welken Gras,
weil er, vermute ich, schon fraß.

Ich blick auf ihn vom ICE
und denk an die, die ich nicht seh,

An Mäusevater, Mutter, Kind,
die alle in dem Bussard sind.

Und stumm entbiete ich dem Tier
ein eiliges »Hallo, ihr vier!«

Durch Niederbayern

Himmel sind weiter hier
Kirchtürme öfter
Wiesen sind grüner hier
und Tiere weißer.

O junges Schaf! Im Gras
stehst du, ich fahre.
Dich lockt das frische Grün,
mich reife Schuld.

O schöne Frau! Die Stadt
kennt andre Weiden.
Läßt du ihn noch mal rauf,
den alten Hammel?

Oktoberfest

Sitzend unter den Ungeschlachten
fühl ich mich federleicht
und fremd.

Stehend am Morgen danach auf der Waage
weiß ich: Ich war unter
meinesgleichen.

Welt der Literatur

Zum Literaturbetrieb
»Dieses Gewerbe ist ziemlich windig.«
»So, findest du?« – »Find' ich.«

Empfindsamer junger Dichter

Der Dichter muß erleiden.
Der Dichter muß erleben:
Dann wird man ihn beneiden,
und frau wird ihm vergeben.

Zorniger junger Dichter

Gedicht kann beides sein:
Klage und Feier.
Dies geht mir auf den Sack,
das auf die Eier.

Milder alter Dichter

Um mich zum Schreiben zu bringen, Kinder,
braucht's Anreiz nicht,
Ansporn nicht oder Belohnung.
Ich schreibe, wie der Vogel schreibt:
Ungefragt, unbedarft, ununterbrochen.

Abgeklärter Dichter

Ob ich dem X seinen Bucherfolg neide?
Die Welt ist doch groß. Sie hat Platz für uns beide.
Der nimmt mir doch nichts, diese schmierige Kröte,
außer: Den Ruhm und die Fraun und die Knete.

Anmaßender Dichter

Natürlich bin ich bedeutender
als Reinhard Lettau,
bedeutend bedeutender,
aber was bedeutet das schon?

Was bedeutet »natürlich«?
Was bedeutet »bedeutender«?
Was bedeutet »Lettau«?
Was bedeutet »bedeutet«?

»Natürlich« bedeutet natürlich nichts.
»Bedeutender« bedeutet natürlich auch nichts.
»Lettau« bedeutet natürlich gar nichts.
»Bedeutet« bedeutet natürlich bedeutet.

Einzig »ich«, das bedeutet was.
Unter »ich« kann ich mir etwas vorstellen.
Unter »mir« kann ich mir allerdings schon weniger
                                        vorstellen,
außer, natürlich, Reinhard Lettau.

Schamerfüllter Dichter

Daß der Wolf
Daß der Wolf Biermann
Daß der wortgewaltige Wolf Biermann
All sein Lebtag nichts zu Papier gebracht hat
Was sich dem vergleichen ließe, was dieser Spitzel
Was dieser gottverlassne Stasi-Spitzel in jener Nacht
                              notierte:

»Wolf Biermann führte mit einer Dame
Geschlechtsverkehr durch.
Später erkundigt er sich,
ob sie Hunger hat.
Die Dame erklärt, daß sie gern
einen Konjak trinken würde.
Es ist Eva Hagen.
Danach ist Ruhe im Objekt.«

Daß das nicht schlecht sei
Daß das bei Gott ziemlich gut sei
Daß das verdammt noch mal besser sei als s.o. –:
Das denkt er, und er schämt sich.

Drei berühmte Dichter

Der *Brecht* schrieb auf die Berlau
viele schöne Gedichte.
Sie machte sich daraufhin Hoffnungen.
Er machte Literaturgeschichte.

Der *Böll* war als Typ wirklich Klasse.
Da stimmten Gesinnung und Kasse.
Er wär' überhaupt erste Sahne,
wären da nicht die Romane.

Der eine liest die Iren.
Der andre liest die Briten.
Ein dritter liest die Russen.
Der *Grass* liest die Leviten.

Wortschwall

Erst tropft es Wort für Wort. Dann eint ein Fließen
Solch Tropfen in noch ziellos vagen Sätzen,
Die frei mäandernd durst'ge Ganglien netzen,
Aus welchen wuchernde Metaphern sprießen

Und wild erblühn. Und sich verwelkend schließen,
Nun Teil der Wortflut, wenn auch nur in Fetzen,
Das will vermengt zur Sprachbarriere hetzen,
Um sich von Satz zu Absatz zu ergießen,

Bis tief ins Tal. Dort füllen Wortkaskaden
Ganz ausgewaschne, sinnentleerte Becken,
In welchen doch seit alters Dichter baden.

Daß dies Bad sinnlos ist, kann die nicht schrecken:
Ein Wortschwall reicht, um die maladen Waden
Mit frischer Schreit- sprich Schreiblust zu begnaden.

Sauber bleiben

Mich manchmal den Medien verweigert
Dachte, das würde unheimlich wahrgenommen
Aber meine Freunde vor den Fernsehern
Die haben das überhaupt nicht mitbekommen.

Auch: Keine Frauen ins Bett gedichtet
Niemals rilkehaft abgesahnt
Freilich: Die also Verschonten
Haben ihr Glück nicht einmal geahnt.

Dann: Ziemlich viel Geld ausgeschlagen
Nicht peanuts – wirkliche Summen
Hätte das vielleicht bekanntmachen sollen
Aber: Wer spielt gern den Dummen?

Hier und da mit den Wölfen geheult
Doch viel öfter mit den Schafen
Wirklich: Ich habe das beste Gewissen der Welt
Nur: Was läßt mich nicht schlafen?

Als er zum 3. Oktober 1990 gefragt wurde,
was er von Deutschland erwarte und
was er dem vereinten Land wünsche

Deutsche! Frei nach Bertolt Brecht
rate ich euch, wählet recht:

Von den Zielen die wichtigen
Von den Mitteln die richtigen

Von den Zwängen die spärlichen
Von den Worten die ehrlichen
Von den Taten die herzlichen
Von den Opfern die schmerzlichen
Von den Wegen die steinigen
Von den Büchern die meinigen.

Fliegengedicht

In dieses Volk hineingeborn –
was hab ich in *dem* Volk verlorn?

In diesem Volk, wo morgens die Getretenen
ihrem Spiegelbild schwören: Schluß mit dem
Stiefellecken, heute müssen Köpfe rollen

Schluß Schluß Schluß

In diesem Volk, wo mittags der Glanz der
frischgeleckten Stiefel all diejenigen blendet,
die sich die Visagen der Treter einprägen wollen

Glanz Glanz Glanz

In diesem Volk, wo abends die randvollen Gläser
die Angst der Köpfe der Getretenen vor dem
Rollen auslöschen sollen

Angst Angst Angst

In diesem Volk bin ich daheim.
So spricht die Fliege auf dem Leim.

Im Chianti

Weh dem, der hat.
Ihm kann genommen werden:
»Ist der Blick von unsrer Terrasse nicht makellos?
Ich kenne keinen schönern auf Erden.«

Weh dem, der hat.
Er kann verlieren:
»Wir hätten damals auch noch das Wäldchen dazu
                              kaufen sollen,
dann könnte uns nichts passieren.«

Weh dem, der hat.
Ihm wird genommen:
»Schatz, schau mal, wie der Neubau durch die
                              Baumkronen stößt –
unser Blick ist nicht mehr vollkommen!«

Weh dem, der hat.
Er ist verloren:
»Seitdem diese Schweinerei da drüben passiert ist,
ist unser Haus für mich gestorben.«

Gespräch mit dem Engel

Ein Geräusch in der Luft,
wie von großen Maschinen:
»Sagn Sie mal – läßt sich das nicht abstellen?«
»Damit kann ich leider nicht dienen.

Das ist das Stöhnen Gottes
beim Betrachten seiner Welten.
Das heißt: Manchmal lacht er auch über sie.
Aber selten.«

Trotz

Ich geh zu deinem Grabe nicht
Ich steh an deinem Grabe nicht
Ich knie vor deinem Grabe nicht
Ich flieh von deinem Grabe nicht –

Du kommst ja auch nicht
zu meinem
Am Ende liegt jeder
in seinem.

Geduld

Du gehst nicht zum Grab,
du fühlst dich schuldig.
Wenn Tote eins nicht sind,
dann: Ungeduldig.

Du stehst im Leben,
bestellst deinen Garten.
Wenn Tote eins können,
dann ist es: Warten.

Gehn oder Nichtgehn
bleibt dir unbenommen.
Wenn Tote eins wissen,
dann dies: Du wirst kommen.

Geburtstag

Billig so eine Tote, sie kostet
das Jahr über nichts, es sei denn, man gönnt ihr
nach eignem Ermessen ab und zu Blumen
sieht besser aus und zeugt von Gedenken.

Nun, da sie fünfzig geworden ist, hab ich
ihr Chrysanthemen aufs Grab gestellt, die ich
schon für sechs Mark bekommen hab. Als ich
selbst fünfzig wurde, war's wesentlich teurer.

Weißwein und Rotwein und Sekt und die Schwere
zahlloser Speisen bogen die Tische
an denen die Menge der tafelnden Gäste
sich's wohlsein ließ und die Helfenden schwitzten

sie immer vorneweg. Vor drei Jahren
ging das ins Geld. Nun geht sie selbst leer aus.
Nehmen tun nur die Lebenden, Tote
brauchen nichts, kaufen nichts, halten nichts, altern
                                        nicht.

Kindheit

An Wasserläufen gehen Kinder entlang, die Verwünschungen ausstoßen. Die Schatten noch fast unbelaubter Bäume werfen ein Netz über sie. Die Eltern folgen in gehörigem Abstand, erfüllt von einer wärmenden Gewißheit: Die entkommen uns nicht.

Selber im Netz, führen sie Gefangene spazieren. Selber gefangen, spielen sie sich als Wärter auf.

Am Teich schließlich fand man die Eltern in unguter Haltung. In ihren Mundwinkeln blühte ein Rot, das der Jahreszeit weit voraus war. Die Kinder hockten nicht weit von ihnen und gaben vor, Abzählverse zu murmeln:

Stripp, strapp, strull, wir haben die Brücken abgebrochen. Strull, strapp, stripp, von nun ab machen wir, was wir wollen.

Hohe Schule

Der Weg ist mit Bettlern gesäumt / die ihre Hirnschalen vor sich aufgestellt haben.
Sie bitten die Vorbeigehenden um milde Gaben / in Form von Gedanken oder Eingebungen.
Doch so sehr sie auch flehen / die Behältnisse bleiben leer / da die Flanierenden selber / nichts in den ihren haben.

Zurück aus dem Odenwald

Dieses viele Grün, dieses hohe Blau
und in der Ferne Worms

– Warum sagen Sie das?

Da war so viel Grün, und das Blau war so hoch
und in der Ferne Worms

– Wem sagen Sie das?

Dem, dem das Grün etwas sagt und das Blau
und in der Ferne Worms

– Das sagen Sie mir?

Jawohl, falls Ihnen Grün etwas sagt
und in der Ferne Worms

– Nun haben Sie aber das Blau vergessen!

Ach – sagen Grün und Blau Ihnen was
und in der Ferne Worms?

– Nicht daß ich wüßte. Können die denn reden?

Wenn der Vater mit dem Sohne

»Ja, mein Sohn?«

»Langsam, Vater, lerne ich,
das Fleisch zu verstehen.
Das Fleisch spricht eine
eigene Sprache.
Der Kopf sagt: So eine Frau
ist doch kein Objekt.
Das Fleisch sagt: Zur Sache!«

»Ach, mein Sohn!«
»Ja, Vater?«

»Langsam, mein Sohn, lerne ich,
dem Fleisch zu mißtrauen.
Das Fleisch denkt
nur an sich.
Der Kopf sagt: Na, versuch's doch
mit dieser Frau da.
Das Fleisch sagt: Ohne mich.«

»Ach, Vater!«

Behindertes Kind am Strand

Dieses zarte Bein
und dann dieser Klumpfuß
Dieser schöne Arm
und dann dieser andre
Dieses feine Gesicht
und dann dieser Buckel
Dieses arme Geschöpf
und dann diese fröhliche Mutter.

Für Rosa

Immer weniger können
Immer mehr nicht mehr können:

Nicht mehr hinten hoch können
Nicht mehr vorne hoch können
Nicht mehr fressen können
Nicht mehr trinken können
Nicht mehr scheißen können
Nicht mehr pissen können
Nicht mehr lecken können
Nicht mehr strecken können
Noch zucken können
Noch schnaufen können
Nicht mehr zucken können
Nicht mehr schnaufen.

Lesung

Menschen schauen mich an:
Da kommt der Gernhardt, Mann!

Menschen schauen mir zu:
Da ist der Gernhardt, du!

Menschen schauen mir nach:
Da war der Gernhardt, ach!

Menschen schauen sich an:
Der wird auch nicht jünger!

Immer

Immer einer behender als du

Du kriechst
Er geht
Du gehst
Er läuft
Du läufst
Er fliegt:

Einer immer noch behender.

Immer einer begabter als du

Du liest
Er lernt
Du lernst

Er forscht
Du forschst
Er findet

Einer immer noch begabter.

Immer einer berühmter als du

Du stehst in der Zeitung
Er steht im Lexikon
Du stehst im Lexikon
Er steht in den Annalen
Du stehst in den Annalen
Er steht auf dem Sockel:

Einer immer noch berühmter.

Immer einer betuchter als du

Du wirst besprochen
Er wird gelesen
Du wirst gelesen
Er wird verschlungen
Du wirst geschätzt
Er wird gekauft:

Einer immer noch betuchter.

Immer einer beliebter als du

Du wirst gelobt
Er wird geliebt
Du wirst geehrt

Er wird verehrt
Dir liegt man zu Füßen
Ihn trägt man auf Händen:

Einer immer noch beliebter.

Immer einer besser als du

Du kränkelst
Er liegt danieder
Du stirbst
Er verscheidet
Du bist gerichtet
Er ist gerettet:

Einer immer noch besser
Immer
Immer
Immer.

Rondo

So, voll Müdigkeit und Trauer,
endet jegliche Geschichte.
Alles macht die Zeit zunichte.
Mit der Zeit wird niemand schlauer,

da das kein Geschöpf auf Dauer
aushält, dieses stete Enden,
diese Leere in den Händen,
so voll Müdigkeit und Trauer.

Zufriedenheit

Ich sitze gern allein in vollen Zelten
wenn links ein Schluchzen
rechts ein Schelten
ein Weinen vorn
und hinten so ein Stöhnen
mich mit dem Zelt, der Welt
und meinem Einsamsein versöhnen.

Schön und gut und klar und wahr

Da sind diese vier weißen Tauben,
die sich in das Blau des Himmels schrauben.

Sie leuchten sehr auf beim Steigen,
um sich kurz drauf dunkel zu zeigen.

Das machen sie immer gemeinsam,
nie flog auch nur eine je einsam.

Warum die das tun? Keine Ahnung.
Möglicherweise als Mahnung:

Es ist schön, sich im Aufwind zu wiegen
Es ist gut, nicht alleine zu fliegen
Es ist klar, daß Steigen schon viel ist
Es ist wahr, daß der Weg das Ziel ist.

Kunst und Natur

Da sitzt der berühmte Mann.
Er schaut der unbekannten Frau nach.
Der berühmte Mann muß seufzen,
als die unbekannte Frau lacht.

Die macht ja alles zunichte,
was er je geschrieben:
Sein Werk mag man schätzen, aber
ihr Lachen muß man lieben.

Mäusegedicht

Und dräut die Katze noch so sehr,
sie kann uns nicht verschlingen,
solange wir nur unverzagt
von allem, was noch ungesagt,
von Lust und Frust
und Frist und List
und dem, was sonst noch sagbar ist,
nicht schweigen, sondern singen:
Das Singen wird es bringen!

VI

Schneiden und Scheiden

Ein guter Abend, um Pflaumen zu schneiden,
vorausgesetzt, es stimmt mit euch beiden.
Man kann beim Entkernen Gefühle erleben,
die schlichtweg erheben.

Zum Beispiel das, nicht allein zu sein.
Dann das Gefühl, zu zwein zu sein.
Sowie die Gewißheit: Was immer ihr tut –
es wird gut.

Ich rede jetzt nicht von der Marmelade.
Wenn die danebengeht, ist es kein Schade.
Auch meine ich keineswegs euer Verschränken.
Daß das in Ordnung geht, will ich gern denken.

Nein:

Ich stell mir nur vor, wie ihr Pflaumen schneidet,
wie ihr sorgsam die Kerne vom Fruchtfleisch scheidet
und wie sich zwei Schalen nach und nach füllen
mit Kernen und Hüllen.

Solch Scheiden, paarweis und stetig betrieben,
steigert das Leben und fördert das Lieben,
hindert das Meiden und mindert das Leiden,
vorausgesetzt, es stimmt mit euch beiden.

Italien – Mexiko, Fußball-WM, 28. 6. 94

Wäre ich schwul,
ich verliebte mich
in den mexikanischen Torwart.

»Dann sei doch mal schwul,
verlieb dich doch
in den mexikanischen Torwart!«

Schweig stille, mein Herz,
was faselst du da
vom mexikanischen Torwart?

Wie säh' das denn aus:
Ich und verliebt
in den mexikanischen Torwart?!

Verzeih, liebe Frau,
ich lebe ab jetzt
mit diesem mexikanischen Torwart.

Hallöchen, Jungs,
begrüßt meinen Freund,
einen mexikanischen Torwart!

Ist hier noch was frei
für mich und den Herrn,
jenen mexikanischen Torwart?

Grüß Gott, Herr Kaplan,
wir wär'n gern ein Paar,
ich und dieser mexikanische Torwart …

Herz, du spielst falsch!
Du denkst nicht an mich
und schon gar nicht an den mexikanischen Torwart!

Denn tätest du das,
bedächtest du auch,
was derweil aus dem mexikanischen Tor wird!

Darum werd ich nicht schwul.
Ich verlieb mich auch nicht
in den mexikanischen Torwart.

Ich bleib treu und normal,
und du, mein Herz,
gehörst einer deutschen Hausfrau!

Eigentlich nicht

Das nennt man nicht eigentlich suchen,
wenn man schon weiß, wo was ist.
Das nennt man nicht eigentlich finden,
wenn man es gar nicht vermißt.
Das nennt man nicht eigentlich lieben,
wenn man den Liebling erpreßt.
Das nennt man nicht eigentlich halten,
wenn man ihn fallenläßt.

Herz und Hirn

Ist das Herz auf dem Sprung, ist das Hirn auf der Hut
Springt das Herz in die Luft, greift das Hirn nach dem
                              Schirm
Schwebt das Herz himmelwärts, spannt das Hirn
                              seinen Schirm
Stürzt das Herz auf den Schirm, ist das Hirn obenauf:
Siehste, mein Lieber. Immer schön auf dem Teppich
                              bleiben!

Gottesurteil

Euch Frauen all, die ich begehrt,
euch hat der Zahn der Zeit versehrt.

Euch Frauen all, die ich gebraucht,
euch hat des Lebens Fuß verstaucht.

Euch Frauen all, die ich umschwärmt,
euch hat des Schicksals Faust verhärmt.

Euch Frauen all, die ich versucht,
euch hat der Gottheit Mund verflucht:

Ihr Frauen all habt IHN verschmäht!
Tut Buße, ehe es zu spät!

Gespräch mit dem Wolf

Wo kommst du her?
Ich? Aus dem hohen Norden.
Wo gehst du hin?
Ich? In die tiefe Nacht.
Wen stellst du dar?
Ich? Bin ein Wolf geworden.
Wem stellst du nach?
Ich? Alles taugt zum Morden.
Wen frißt du auf?
Dich! Was hast du gedacht?

Einer überdenkt einiges

Und er dachte an die Fraun in seinem Leben
Und befand: Sehr viele waren's nicht
Und er fragte, was sie ihm gegeben
Und erinnerte sich dunkel: Licht

Und er dachte, ob sie seiner dächten
Und befand: Wahrscheinlich ist das kaum
Und er fragte, was Gedanken brächten
Und erinnerte sich hellwach: Traum

Und er dachte, was sie ihm genommen
Und befand: Die Glut aus meiner Brust
Und er fragte, was er selbst bekommen
Und erinnerte sich seufzend: Lust

Und er dachte an die Folgen all der Lieben
Und befand: Sie gingen reichlich weit
Und er fragte, was davon geblieben
Und erinnerte sich lächelnd: Leid.

Die Geburt

Als aber in der finsteren Nacht
die junge Frau das Kind zur Welt gebracht,
da haben das nur zwei Tiere gesehn,
die taten grad um die Krippen stehn.

Es waren ein Ochs und ein Eselein,
die dauerte das Kindlein so klein,
das da lag ganz ohne Schutz und Haar
zwischen dem frierenden Elternpaar.

Da sprach der Ochs: »Ich geb dir mein Horn.
So bist du wenigstens sicher vorn.«
Da sprach der Esel: »Nimm meinen Schwanz,
auf daß du dich hinten wehren kannst.«

Da dankte die junge Frau, und das Kind
empfing Hörner vorn und ein Schwänzlein hint.
Und ein Hund hat es in den Schlaf gebellt.
So kam der Teufel auf die Welt.

Gehen und Schreiben und Fernsehen

Zur gleichen Zeit, da ich von meinem Hügel,
die Beine lustig werfend, talwärts wandre,
an dem Gehöft vorbei, das an den Weg grenzt,
liegt dort der Bauer und hat grad Probleme,
vom Bauch sich auf den Rücken zu verlagern:
Seit jenem Sommerabend, als sein Traktor
ihn unter sich begrub, läuft wenig.

Zur gleichen Zeit, da ich den schlichten Vorgang,
die Feder eilig führend, niederschreibe
und ein Gefühl verspüre, das an Scham grenzt,
geht's vielen ähnlich. Mancher hat Probleme,
den Bauch mit seinem Herzen zu versöhnen:
Doch dank der Schreckensbilder, deren Fülle
das Mitleid täglich lähmt, läuft nichts mehr.

Diät-Lied *(mit Ohrfeigenbegleitung)*

Ich freu mich auf mein Frühstück
Da schneide ich zwei Hörnchen auf
(Klatsch Klatsch)
Da schneid ich etwas Graubrot auf
und schmiere mir dick Butter drauf
und Leberwurst und
(Klatsch Klatsch)
Und schmier dünn Margarine drauf
und etwas Kräuterpaste
und reichlich Gorgonzola
(Klatsch Klatsch)

Und keinen Gorgonzola
Sodann greif ich zum Pfirsich
Den schneide ich in Stücke
und haue massig Sahne drauf
(Klatsch Klatsch)
Und mache einen Joghurt auf
und tu ihn auf den Pfirsich
und reichlich Gorgonzola
(Klatsch Klatsch)
Und keinen Gorgonzola
und zwanzig Löffel Müsli
(Klatsch Klatsch)
Und einen Löffel Müsli
Dann freu ich mich auf Mittag
Da brat ich einen Tofu auf
und tue reichlich
(Klatsch Klatsch)
Sprossen drauf
und jede Menge
(Klatsch Klatsch)
Kleie
Das eß ich, weil es sein muß
und freue mich aufs Abendbrot
Da gibt's ein Riesenschnitzel
(Klatsch Klatsch)
Da gibt's ein kleines Schnitzel
(Klatsch Klatsch)
Da gibt es gar kein Schnitzel
Da mach ich einen Bratling warm
und tu dick Majonäse drauf
(Klatsch Klatsch)
Und drei, vier Spiegeleier
(Klatsch Klatsch)

Und reichlich Gorgonzola
(Klatsch Klatsch)
Und schütt es in den Lokus
Dann drücke ich die Spülung
und freu mich auf den Nachtisch
da trinke ich vom feinsten
(Klatsch Klatsch)
Und stillsten Wasser, das es gibt
sodann wird ein Versuch geübt:
Wieviel vom schweren roten Wein
geht in den Durchschnittsmann hinein?
(Klatsch Klatsch)
Wenn der dabei im Schmalztopf wühlt
(Klatsch Klatsch)
Sich grad wie Gott in Frankreich fühlt
(Klatsch Klatsch)
Fünf Eisbein mit zehn Bierchen kühlt
(Klatsch Klatsch)
Und die mit Schnäpsen runterspült
(Klatsch Klatsch)
und reichlich
(Klatsch Klatsch)
Gorgonzola
Das will ich ausprobieren
und sollt ich dran krepieren
dann hab ich meine letzte Nacht
zumindest lustvoll
(Klatsch Klatsch)
Zumindest heiter
(Klatsch Klatsch)
Zumindest spannend
(Klatsch Klatsch)
Zumindest nahrhaft
zugebracht.

Mein Feind

Für XY

Auch ich hab einen Feind – nein, du bist nicht
                              gemeint.
Bist schlicht zu unwichtig für jemanden wie mich.
Wer mich befeinden will – sei du jetzt bitte still –,
wer mich zum Feind erwählt – nun schau nicht so
                              gequält –,
muß wissen: Diese Ehr' erringt nicht irgendwer.
Für einen Feind bist du – du hörst jetzt bitte zu –:
Zu unklug und zu unbekannt,
zu unfreundlich, zu ungalant,
zu prolo und zu chauvi,
zu macho und zu doofi,
zu abgewrackt, zu ausgelutscht,
zu aufgeschwemmt, zu abgerutscht,
zu feist, zu schwach, zu laut, zu blöd,
zu arm, zu mies, zu mau, zu öd –:
Nein, nein, nein, mein Feind kannst du nicht sein.
Mein Feind muß klug und stolz sein, aus
                              gradgewachsnem Holz sein,
ist schön dabei und stark, grundehrlich bis ins Mark,
das Gegenteil von dir. Nein – Feind ist nicht dein Bier.
Du bist kein Feind, du bist – ach, hör nicht weg, es ist
bei Gott nicht bös gemeint –: Du bist – verzeih! –
                              mein Freund.

Ein Gast

Das Alter klopft an meine Tür:
»Du bist da drin, ick spüre dir.«

Ich mach nicht auf und flüstre schwach:
»Lern du zuerst mal deutscher Sprach.«

Worauf der Gast zu gehn geruht.
– Ey, Alter! Das ging noch mal gut.

Nah schwach lieb groß

Sind schon tröstlich: Nahe Hügel,
die den Horizont verstellen.
Geht der Blick ins Weite, Große,
meint das auch: ins Wesenlose.

Sind schon dankbar: Schwache Augen,
die nicht soviel sehen müssen.
Schauten Meere, ferne Reiche,
suchen heut: das Immergleiche.

Sind schon hilfreich: Liebe Sprüche,
die aus Scheiße Bonbon machen.
Ist der Mensch nicht mehr im Bilde,
bleibt ihm noch: die Altersmilde.

Sind schon traurig: Große Worte,
welche den Verlust bemänteln.
Jenseits aller Höhenflüge
triumphiert: die Lebenslüge.

Die Nachbarin

Die Nachbarin, die hüstelnd die Treppe fegt.
»So anstrengend heute.
Weiß auch nicht,
was ich habe.«
Krebs hat sie, die Nachbarin.
In einem Jahr wird sie tot sein.

Eine Erinnerung, die nicht vergehen will:
»So anstrengend heute.
Weiß auch nicht,
was ich habe.«
Krebs hatte sie, die Nachbarin.
Seit fünfzehn Jahren ist sie tot.

Roß und Reiter

Ich fühl mich meinem Leben so verbunden
wie einem Stein, der mir in freiem Falle
vorausstürzt und den Weg weist: Da geht's weiter.

Ich und der Stein, wir sind uns sehr verbunden.
Solang wir fallen, sind wir Weggefährten,
ein eingespieltes Paar wie Roß und Reiter.

Der Stein ist dergestalt mit mir verbunden,
daß uns ein Schicksal eint, das man auch Strick nennt.
Wenn ich von dem nicht loskomm, das wird heiter.

Doch was da fällt, bleibt bis zum Schluß verbunden.
Stumm stürzt das Roß. Verstummend folgt der Reiter.
Erst als er merkt: Ich fall ja gar nicht mehr – da schreit
                                                er.

Ein Glück

Wie hilflos der Spatz auf der Straße liegt.
Er hat soeben was abgekriegt.

Da hebt das den Kopf, was erledigt schien.
Könnten Spatzen schreien, der hätte geschrien.

Der hätte gebettelt: Erlöse mich.
Der Erlöser wäre im Zweifelsfall ich.

Ist sonst niemand da, die Straße ist leer,
der Wind weht leicht, und der Spatz macht's mir schwer.

Wen leiden zu sehn, ist nicht angenehm.
Wenn wer sterben will, ist das sein Problem.

So red ich mir zu und geh rascher voran.
Ein Glück, daß ein Spatz nicht schreien kann.

Enttarnt

Durch einen Fehler im Weltenplan
lockerte sich mein Schneidezahn.

Da schoß es mir eiskalt durch den Sinn:
Wie, wenn ich nicht unsterblich bin?

Da schien mir urplötzlich sonnenklar,
daß ich ein endliches Wesen war.

Da war ich schlagartig gewarnt:
So habe ich Gott als Mörder enttarnt.

Das Dunkel

Menschen kleiden sich gern bunt,
das hat einen dunklen Grund.

Menschen zeigen sich gern nackt –
Dunkelheit in Haut verpackt.

Ob im Mann, ob im Weib,
Dunkel herrscht in jedem Leib.

Auch trifft zu, daß Greis und Kind
innen völlig dunkel sind.

Hinter jedem roten Mund
öffnet sich ein dunkler Schlund.

Meerrettich und Brot und Wein
läßt der Schlund ins Dunkel ein,

Rein in Magen, Blase, Darm,
alle dunkel, aber warm.

Wein und Brot und Meerrettich
wandern durch ein dunkles Ich.

Auf dem Weg vom Ich zum Du
freilich geht's noch dunkler zu.

Dunkel lockt der Zeugungstrieb:
Laß mich ein. Hab mich lieb.

Dunkel bleibt auch, ob es frommt,
daß da das zusammenkommt:

Same sah nie Tageslicht,
Ei warf niemals Schatten nicht.

Klar ist nur, daß es das Glied
gradewegs ins Dunkel zieht,

Und daß es ein Spalt empfängt,
den es dunkel zu ihm drängt.

Dunkel ist, was sich dann tut,
Dunkel herrscht, wenn alles ruht,

Doch im Schoß der dunklen Nacht
regt sich dunkel der Verdacht,

Alles Licht sei eitel Schein
auf dem Weg ins Dunkelsein.

Der letzte Gast

Im Schatten der von mir gepflanzten Pinien
will ich den letzten Gast, den Tod, erwarten:
»Komm, tritt getrost in den betagten Garten,
ich kann es nur begrüßen, daß die Linien

sich unser beider Wege endlich schneiden.
Das Leben spielte mit gezinkten Karten.
Ein solcher Gegner lehrte selbst die Harten:
Erleben, das meint eigentlich Erleiden.«

Da sprach der Tod: »Ich wollt' mich grad entfernen.
Du schienst so glücklich unter deinen Bäumen,
daß ich mir dachte: Laß ihn weiterleben.
Sonst nehm ich nur. Dem will ich etwas geben.
Dein Jammern riß mich jäh aus meinen Träumen.
Nun sollst du das Ersterben kennenlernen.«

Ach

Ach, noch in der letzten Stunde
werde ich verbindlich sein.
Klopft der Tod an meine Türe,
rufe ich geschwind: Herein!

Woran soll es gehn? Ans Sterben?
Hab ich zwar noch nie gemacht,
doch wir werd'n das Kind schon schaukeln –
na, das wäre ja gelacht!

Interessant so eine Sanduhr!
Ja, die halt ich gern mal fest.
Ach – und das ist Ihre Sense?
Und die gibt mir dann den Rest?

Wohin soll ich mich jetzt wenden?
Links? Von Ihnen aus gesehn?
Ach, von mir aus! Bis zur Grube?
Und wie soll es weitergehn?

Ja, die Uhr ist abgelaufen.
Wollen Sie die jetzt zurück?
Gibt's die irgendwo zu kaufen?
Ein so ausgefall'nes Stück

Findet man nicht alle Tage,
womit ich nur sagen will
– ach! Ich soll hier nichts mehr sagen?
Geht in Ordnung! Bin schon

Zurück zur Unnatur

Zurück aus dem Wald
wo Blätter verkümmern
Kronen sich lichten
Äste verdorren
Rinden aufplatzen
Stämme hinstürzen –
Beute des Sturms
Opfer des Fortschritts
Geiseln des Wandels
Treibgut der Zeit.

Zurück in der Stadt
wo strahlende Wände
den Himmel verstellen
und ihn verdoppeln –
Türme aus Glas
Spiegel des Wechsels
Stelen aus Licht
Monumente der Dauer:

Wer möchte leben
ohne den Trost der Hochhäuser!

Natur-Blues

Kaum atmest du wegen der Eichen auf,
da gehn schon die ersten Kastanien drauf
Natur

Kaum lassen die Kinderkrankheiten nach,
da fühlst du dich schon etwas altersschwach
Natur

Kaum erholt sich dein Land von der Trockenheit,
da macht sich bereits wieder Hochwasser breit
Natur

Kaum hast du entdeckt, welcher Wein dir schmeckt,
da hat das auch deine Leber gecheckt
Natur

Kaum lockt dich der blühende Wiesenrain,
da stellt sich dort auch schon die Milbe ein
Natur

Kaum weißt du, wo man gut essen geht,
da empfiehlt dir der Arzt eine Nulldiät
Natur

Kaum geben die letzten Amseln Ruh,
da gibt schon der Kauz seinen Senf dazu
Natur

Kaum kommt der ersehnte Schlaf herbei,
da weckt dich schon wieder Amselgeschrei
Natur

Kaum daß du die Kunst zu leben erlernst,
da macht schon der bleiche Geselle ernst:
Natur.

Tier und Mensch

So viele Jahre ohne Tier schon:

Kein Klagen an der Tür, kein Grüßen
Kein sehnsuchtsfeuchter Blick, kein Drängen
Kein Streichen um das Bein, kein Schnurren
Kein selbstvergeßnes Mahl, kein Lecken
Kein traumverlornes Ruhn, kein Schlummern –

So viele Jahre schon gar kein richtiger Mensch mehr.

Kurze Rede zum vermeintlichen Ende
einer Fliege

Tut mir leid, meine Liebe, du wirst jetzt gleich hin sein.
Wir sind hier schließlich nicht bei Buddhistens.
Bei Buddhistens, das ist ein Kontinent weiter.
In Tibet, da läßt man sich so etwas bieten,
die würden dich, Fliege, die ganze Nacht
rumsummen lassen nach Herzenslust.
Bei Buddhistens ist das normal, die summen
ja selber rund um die Uhr ihre Oms,
ihre O mani padme hums, diese Priester.
Und wo andauernd irgendwo rumgesummt wird,
da fällt ein Gesumme mehr oder weniger
gar nicht groß auf. Doch wir sind hier bei Christens.
Da wird nicht gesummt. Da wird nachts geschlafen.
Daran hat sich auch eine Fliege zu halten.
Glaub bloß nicht, ich hätte was gegen euch Fliegen.
Normal tu ich keiner etwas zuleide.
Doch ich will jetzt schlafen, und du willst jetzt summen.
Ich hab die Patsche, und du bist der Brummer,
du oder ich, tut mir leid, meine Liebe:
Da!

Bsssss

Scheiße!

Viel und leicht

Von allem viel. Viel Birne, viel Zwetschge. Viel
Traube, viel Pfirsich. Viele Tomaten. Viel
Rascheln der vielen trockenen Blätter. Viel
Haschen der vielen kleinen Katzen. Viel
Duft von viel Harz der vielen Pinien. Viel
Wind in den vielen Oliven. Viel Silber. Viel
Rauschen. Viel Blau in den vielen Hügeln. Viel
Glanz. Viel Wärme. Viel Reife. Viel Glück.

Vor allem leicht. Wie leicht sich das erntet. Leicht
löst sich die Birne, die Zwetschge, der Pfirsich. Leicht
trennt das Messer vom Weinstock die Traube. Leicht
knurrend naht sich die Katze. Sie läßt sich leicht
die Beute abnehmen. Es schreibt die Rechte: Leicht
gesperbert die helle Brust des Vogels, so leicht
in der Linken. Die Flügel sehr dunkel. Darin leicht
gekurvte, gelbe Handschwingen. Ein Zeisig vielleicht.

Alles über den Künstler

Der Künstler geht auf dünnem Eis.
Erschafft er Kunst? Baut er nur Scheiß?

Der Künstler läuft auf dunkler Bahn.
Trägt sie zu Ruhm? Führt sie zum Wahn?

Der Künstler stürzt in freiem Fall.
Als Stein ins Nichts? Als Stern ins All?

Der Dichter

Abends zählt er seine Leiden,
tut sich an dem Vorrat weiden,
wählt eins aus, bedichtet es,
und das Dichten richtet es.

Morgens aber fleht er wieder:
Schicksalshammer, sause nieder!
Denn ich wähn mich schon im Grabe,
wenn ich nichts zu dichten habe.

Nachmittag eines Dichters

Horch! Es klopft an deine Tür:
»Mach auf und laß mich rein!«
»Wer da?« »Die Einfallslosigkeit!«
»Das fällt mir gar nicht ein.«

Schon steht sie neben deinem Tisch:
»Was wird das? Ein Gedicht?«
»Ein Lob der Kreativität.«
»Das, Freundchen, wird es nicht.«

Da fährst du auf und sagst bestimmt:
»Das wird es wohl, Madame!«
»Dann leg mal los!« »Ahemm, ahemm ...«
»Und weiter?« »Äh ... Ahamm ...«

Da küßt sie strahlend deinen Kopf:
»Ciao, ich muß weiter, Kleiner.
Doch hab ich einen Trost für dich:
So schön besang mich keiner!«

Good News aus Nürtingen

»Uns trägt kein Volk.«
Paul Klee

Du, Klee, fühltest dich nicht vom Volk getragen,
Ich, Klee, kann dir von Nürtingen aus sagen:
Klee, du bist hier total angekommen
und wurdest in den Wandschmuck des Hotels Vetter
         aufgenommen.

Ich, Klee, war im Hotel Vetter in Nürtingen,
und ich sah, daß es deine Bilder dort voll bringen.
Du, Klee, deine Werke garnieren
die Gänge, die vom Restaurant zum Klo führen.

Ja, Klo. Ich würde mich deswegen nicht groß grämen.
Den Weg zum Klo muß jeder mal nehmen.
So daß ein jeder, der sich dorthin bewegt,
auch ein wenig den Schöpfer des Wandschmucks trägt.

Du, Klee, bist 1940 gestorben
und glaubtest dein Volk für deine Kunst auf immer
         verdorben.
Ich, Klee, war 1995 in Nürtingen
und kann dir ein ganz anderes Liedlein singen:

Dort ist der Hotelgast froh,
geleitet ihn ein Klee zum Klo.

Ballade von der Lichtmalerei

Leg etwas in das Licht und schau,
was das Licht mit dem Etwas macht,
dann hast du den Tag über gut zu tun
und manchmal auch die Nacht:

Sobald du den Wandel nicht nur beschaust,
sondern trachtest, ihn festzuhalten,
reihst du dich ein in den Fackelzug
von Schatten und Lichtgestalten.

Die Fackel, sie geht von Hand zu Hand,
von van Eyck zu de Hooch und Vermeer.
Sie leuchtete Kersting und Eckersberg heim
und wurde auch Hopper zu schwer.

Denn die Fackel hält jeder nur kurze Zeit,
dann flackert sein Lebenslicht.
Doch senkt sich um ihn auch Dunkelheit,
die Fackel erlischt so rasch nicht.

Sie leuchtet, solange jemand was nimmt,
es ins Licht legt und es besieht,
und solange ein Mensch zu fixieren sucht,
was im Licht mit den Dingen geschieht.

Ostfriesische Romanze

Zwei Leben werden enggeführt
Zwei Blicke werden sehr gespürt
Zwei Hirne werden sehr erregt
Zwei Herzen werden sehr bewegt
Zwei Körper werden sehr begehrt
Zwei Seelen werden sehr versehrt
Zwei Wochen lang wird sehr geflennt
Dann hat man sich in Leer getrennt.

Vom Fuchs und dem Eichelhäher

»Nur die Nähe bringt uns näher«,
sprach der Fuchs zum Eichelhäher.
»Nichts kann edle Herzen trennen,
die sich aus der Nähe kennen!«
Und hat ihn beim Schopf genommen –
näher kann man sich nicht kommen.

Kollegialer Rat

Ein Gedicht ist rasch gemacht.
Schnell auch reimt ein Lied sich.
Aber so ein Zeitroman,
lieber Freund, der zieht sich!

Der ICE passiert Günzburg

Wieder an Günzburg vorbei.
Wie oft schon Günzburg gesehen,
das turmreiche, aber der Zug
blieb niemals in Günzburg stehen.

Freilich:

Hätt' er das einmal getan –
wär' ich denn ausgestiegen?
Daß ich von Günzburg nichts weiß,
kann nicht am Fahrplan liegen.

Denn:

Furcht hält den Menschen zurück,
sich dem, was schön scheint, zu nahen.
Jedermann weiß darum.
Viele, die Günzburg sahen –

Aber:

Keiner, der Günzburg betrat.
Keiner, der Günzburg durchschritten.
Keiner, der, mittags entflammt,
nächtens um Günzburg gelitten.

Denn:

Daß uns etwas ergreift,
meint auch, daß wir es nicht fassen.

Was den Schluß nahelegt,
Günzburg links liegen zu lassen.

Und nicht nur Günzburg.

Der ICE hat eine Bremsstörung
hinter Karlsruhe

Lila umflammt der Flieder die Hütte.
In Blumen versinkt die rostende Wanne.
Staubtrocken der Weg. Es zerrt unablässig
ein Wind an den Gräsern.

Alles im Rausch: Die Schwalben, die Blüten
Alles im Lot: Die Zäune, die Hecken
Alles im Licht: Der Schotter, die Schwellen
Alles im Arsch: Die Bremsen, der Zeitplan.

Wiener Anwandlung

Wenn vor dem Ball die Jugend sich sammelt,
ganz Jeunesse dorée, als sei nichts passiert,
und im Abenddress ins Café hereinströmt,
in Stola und Smoking, als sei nichts passiert,
und die Mäntel da ablegt, wo »Reserviert« steht,
die Capes und die Pelze, als sei nichts passiert,
und zum Aufwärmen schon mal Champagner ordert,
Roederer Cristal, als könne nie etwas passieren –

Dann wünsch ich mir, es brächen durchs Fenster
verdreckte Kosaken mit blitzenden Klingen,
die Stolas aufzuspießen der Damen,
die Schleifen aufzutrennen der Herren,
und wenn dabei auch noch ein Kopf abfiele –
kann ja passiern, daß dabei ein Kopf abfällt,
soll jedenfalls schon mal dabei passiert sein –:
dann sagte ich, was man in Fällen wie diesen
sagt: Hoppla! Und ich höbe das Weinglas.

Sonntag in Lübeck

Wie sie kauend durch
die Straßen schieben!
– Du mußt diese Menschen nicht lieben.

Wie sie gekleidet sind,
die Ungeschlachten!
– Du mußt diese Menschen nicht achten.

Wie erfreulich es war,
wenn sie weniger wögen!
– Du mußt diese Menschen nicht mögen.

Wie sie durch ihre
Stumpfheit entsetzen!
– Du mußt diese Menschen nicht schätzen.

Wie schafft man es nur,
sie nicht zu hassen?
– Da mußt du dir etwas einfallen lassen.

Als er sich auf einem stillen Örtchen befand

Mein Blick fällt aufs
Toilettenpapier.
Darauf steht »Danke«.
Danke wofür?

Danke dafür,
daß ich es verwende
und keine edlen
Ressourcen verschwende.

Danke dafür,
daß ich es benütze
und so die Recycling-
Idee unterstütze.

Danke im Namen
von Wald und Baum:
Du sicherst unseren
Lebensraum.

Danke im Namen
von Fink und Star:
Du nimmst auch unsre
Interessen wahr.

Danke im Namen
der ganzen Natur:
So handeln
Auserwählte nur.

Danke im Namen
des blauen Planeten:
Heilig, heilig.
Lasset uns beten!

Dank für dein Dasein
in unserer Mitte!
Groß greif ich zur Rolle
und sag segnend: Bitte.

Einer schreibt der Berliner Republik etwas ins Stammbuch

Erstmals sind die Älteren
nicht per se schon Täter.
Erstmals heißt es: Macht erst mal,
bilanziert wird später.

Erstmals sind die Jüngeren
nicht per se schon Richter.
Erstmals schreckt das Kainsmal nicht
älterer Gesichter.

Erstmals müssen alle ran,
Turnschuhe wie Krücken.
Glückt's nicht, sind wir alle dran,
ergo muß es glücken.

Steffi Graf-Gospel
oder
Die ›Frankfurter Allgemeine‹ zitiert die Brühlerin nach deren Spiel gegen Gabriela Sabatini am 7. 6. 1995

Erzähl uns, Steffi, wie hast du gespielt?

Ich war vom ersten Punkt an
Was warst du?
voll konzentriert
Das warst du, bei Gott!
Ich habe extrem beständig
Was hast du?
gespielt
Beim Himmel! Das hast du getan!

Ich habe perfekt serviert
Halleluja!
Ich habe auf
Was hast du, Schwester?
den richtigen Moment
für den richtigen Schlag
gewartet und bin
ans Netz vorgerückt –

Dein Mund spricht die lautere
Wahrheit, Schwester!
Nur sag uns, Schwester,
wann, Schwester, bist du
ans Netz vorgerückt?
– wenn ich es mußte!

Wenn du es mußtest! So war's, Schwester! Amen!

Couplet von der Erblast

*»Die Kirche muß endlich jene frauenfeindlichen
Erblasten aufarbeiten, die durch spätantike
Männerkreise in die ursprünglich frauenfreundliche
Botschaft Jesu hineingetragen worden sind.«*

Aus einer Sendung des Kirchenfunks

Spätantike Männerkreise
Haben Jesu Wort verbogen
Haben seine frohe Botschaft
Korrumpiert und umgelogen
Korrigierten Evangelien
Kujonierten die Gemeinden
Überließen Führungsposten
Unverstellten Frauenfeinden
Herr, wer ritt uns in die Scheiße?
Spätantike Männerkreise!

Spätantike Männerkreise
Eure Stunde hat geschlagen
In der Kirche haben Chauvis
Gottseidank nichts mehr zu sagen
Mußte in der Spätantike
Alles um euch Männer kreisen
Wirft man eure Erblast heute
Hohnlachend zum alten Eisen
Und wer spuckt euch in die Suppen?
Postmoderne Frauengruppen!

Gut und lieb

Kommt, das gute Brot des Nordens
wolln wir stückchenweise braten
in dem guten Öl des Südens,
wie es schon die Väter taten.
Von dem guten Wein des Westens
trinken wir, dieweil wir essen,
um die liebe Not des Ostens
schlückchenweise zu vergessen.

VII

Abendgang

Ruft der Herr barsch nach dem Hunde,
Tut sich der an Trauben gütlich,
Will der Herr sich schon ereifern,
Sänftigt sich sein Zorn gemütlich:

Läßt auch er doch klüglich keine
Holde Süße ungekostet,
Ob die Sonne sinkend westet,
Ob sie auferstehend ostet.

Mittägliche Rast

Wie aus frostverschonter Wurzel
Drei Olivenstämmchen steigen,
Setz ich mich auf schattgen Baumstumpf,
Überlaubt von Silberzweigen,

Übertönt vom Schrei der Schwalbe,
Überwölbt von Himmelsbläue:
Pan, uralter Gott des Mittags,
Überwältigst mich aufs neue.

Vom Klebstoff

Folgenreiches Feigenpflücken!
Zähes Harz an beiden Händen
Zwingt mich nach genoßner Süße
Im Parabelton zu enden:

Mag er noch so festen Sinnes,
Was ihm bitter wird, begrüßen,
Bittres wird ihn niemals binden,
Kleben bleibt der Mensch am Süßen.

Vom Pfirsich

Ungezählter Pfirsichfrüchte
Rund an Rund in dichtem Laube,
Pfirsichernte unermeßlich –
Da mach ich mich aus dem Staube:

Menge freut sich an der Menge,
Dichter schon am Einzelfalle.
Ihm genügt der An-und-Pfirsich –
Kennt er einen, kennt er alle.

Mittagsruhe

Ausgestreckt auf breiter Matte,
Wäscheknattern, Wipfelrauschen
Über mir und mir zu Füßen
Weites Land. Zwei Falter tauschen

Gaukelnd unverstellte Botschaft,
Und ich spür mit allen Sinnen
Zeit sich sammeln, Zeit sich stauen,
Zeit verströmen, Zeit verrinnen.

Abendgang 18 Uhr

Anfangs geh ich frisch im Schatten
Abwärts in gewohnter Richtung,
Dann, am Bildnis der Madonna,
Trete ich in letzte Lichtung,

So denn weiter in die Sonne,
Schritt für Schritt zu reinster Sichtung
Steigt der Weg, und schrittweis fügt sich
Wort zu Satz und Satz zu Dichtung.

Abendgang 18 Uhr 15

Geht die Sonne, folgt die Farbe.
Nach durchscheinendstem Verglühen
Hat der Baum nichts mehr zu bieten.
Also spart er sich die Mühen

Und verharrt gedeckter Tönung,
Bis im nächsten Sonnenschimmer
Er erneut erglüht. Doch vorerst
Dreht der Abend still am Dimmer.

Am See

Mittagsstunde. Sommerfriede.
Seelenruhe. Märchenwetter.
Alles schweigt, und nun verstummen
Selbst die Silberpappelblätter.

Fast zu unbewegt dies Inbild.
Dieser Inbegriff zu leise.
Wärn da nicht der Sprung des Fisches
Und des Wassers leichte Kreise.

Lob des Lebens

Dichter und Propheten priesen's,
Und sie hatten ja so recht:
Wie ihr es auch nehmt, das Leben,
Immer, immer ist es gut.

So hinan denn! Hoch und höher!
Folgt nur treulich eurem Herz,
Bis am ewigschönen Ziele
Euch erwarten Lust und Freud.

Frühsommerabend am Hundekehlesee

O daß doch die Armen es niemals erführen,
wie gut es tut, etwas reich zu sein.
Zumindest so reich,
daß man sich die Armen,
so gut es geht, vom Leib halten kann.

O daß doch die Armen es niemals erahnten,
wie schön es sich lebt, wenn die Kohlen stimmen.
Dann stimmt auch die Lage
der Villa am Waldsee
und der Abstand zu jenen, bei denen's nicht stimmt.

O daß doch die Armen es niemals erlebten,
wie lang es noch licht ist des Abends am Wasser,
wenn schweigend der Wald steht
und Gäste laut rühmen:
»Direkt wie jemalt!« – »Unbezahlbar die Ruhe!«

O daß doch die Armen es niemals ersehnten,
wie jene zu sein, die auf Terrassen,
vom Flieder umstanden,
beschirmt von Kastanien,
die scheidende Sonne mit goldnem Glas grüßen.

O daß es doch niemand den Armen erzählte,
sie müßten sich nicht mal durch Brei hindurchfressen.
Das Schlaraffenland läge
direkt um die Ecke:
»Es liegt nur an euch, euch dort breitzumachen.«

Schlafenszeit

Reck ich die Hand,
ist da ein Hund.
Streck ich den Fuß,
ist da ein Katz.
Dreh ich den Kopf,
ist da ein Du:
So hat ein jedes seinen Platz.

Lob der Bescheidung

Natürlich gibt es auch den Pavillon am Meer.
Auf Säulen ruht sein Dach. Von ihnen eingerahmt,
erstrahlt was irgend des Planeten Schönheit ausmacht:
Land, Wasser, Luft.

Natürlich kühlt nicht jeden solch ein Pavillon.
Doch künden Gartenlauben rings um den Planeten
davon, daß Menschen sich das Glück was kosten
                            lassen:
Geld, Liebe, Zeit.

Natürlich hat nicht jeder eine Gartenlaube.
Doch bietet vielen der Planet etwas. Im Fenster
genießen sie an warmen Abenden den Dreiklang:
Lärm, Abgas, Stein.

Natürlich scheints dem Menschen, so sich zu bescheiden,
daß er nicht mehr verlangt, als ihm das Leben zuteilt.
Wie anders sollte der Planet sie alle fassen:
Reich, nicht reich, arm dran?

Was wäre, wenn

Fehlte der Wiedehopf,
fehlte noch mehr:

Fehlte ein steter Ruf
fehlte ein rascher Flug
fehlte ein lichtes Braun
fehlte schwarz-weißes Flirrn
fehlte dieses
ganz einzigartig
mitreißend Fremde
fehlte dies Anderssein
fehlte dies Ich bin ich
fehlte dies Sei wie ich
fehlte dies Ihr könnt mich
fehlte dies Du bleibst du
fehlte die Upupu
fehlte sein heller Kopf
fehlte sein greller Schopf:

Fehlte der Wiedehopf.

Weiß auf weiß

Wenn sich regennaß die Dolde
der Akazie, blütenweiß,
derart senkt, daß des Holunders
blütenweißer Teller sich
derart der Gesenkten annimmt,
daß vor lauter Blütenweiß
niemand weiß: Was hängt, was stützt da?
Ist nur eins klar: Dies Vermischen
weißer Blüten ist das reine
Gegenteil von allem Sagen,
allem Deuten, allem Schreiben,
denn es zeigt nur. Und man kann da
nichts getrost nach Hause tragen,
weiß auf weiß.

Abendgedicht

Der Schatten macht den Hügel halb.
Der Hund steht gegens Licht.
Die Katze durch den Schatten springt.
Die Frau sieht man gar nicht.

Die Frau macht irgendwo ihr Ding.
Die Katz ihrs. Seins der Hund.
Und Licht und Schatten sowieso.
Schön geht der Tag zugrund.

Sturmskizze

Bewegter Abend. Fledermaus
reißt wild ihr Zickzack in das Grau.
Die Feige beugt sich. Weinblatt zerrt.
Des Oleanders Schauer-Schau
wirkt kindlich vor dem Scherenschnitt
kopfschüttelnder Zypressen.

Belebter Abend. Trockenblatt
tickt seine Tonspur in die Nacht.
Wein raschelt, Feige ratscht, es rauscht
der Oleander. Doch mit Macht
tönt über allem der Protest
aufbrausender Zypressen.

Sechster Dezember

Das ist der Nebel, aus dem Zombies steigen.
Heut ist der Tag, der schattenlosen Schemen.
Sie kommen aus dem blanken Nichts und nehmen
all deine Lebenskraft. Die Blätter fallen.

Noch schreist du: Nein! Bald wirst du geifernd lallen,
nun Teil des Hungerzugs der Ungestalten,
nicht festzustellen und nicht aufzuhalten,
so weit der Nebel reicht. Die Vögel schweigen.

Das

Eine Einflüsterung

In trostlos engen Nischen
Macht sich das breit
Verhärmt erst, doch es wächst
Ganz offen nach
Das hält sich nicht versteckt:

Das heckt und heckt

Prüft witternd freie Räume
Besetzt sie kühn
Bevölkert sie sodann
So rasch es geht
Jetzt hat es Blut geleckt:

Das heckt und heckt

Nun stößt es schon an Grenzen
Und reißt sie ein
Wo viel ist, ist viel Druck
Und wenig Wehr
Die klamm die Waffen streckt:

Das heckt und heckt

Durchbricht die stärksten Dämme
Macht untertan
Jetzt zählt allein die Zahl
Die wuchernd wächst
Von keiner Scham beleckt:

Das heckt und heckt

Füllt ausgedehnte Flächen
In Windeseil
Was immer da zu Haus
Nun muß es fort
Und wenns dabei verreckt:

Das heckt und heckt

Bemächtigt sich des Erdrunds
Bis an den Rand
Will weiter nichts als Wachstum
Schreibt Scheck um Scheck
Auf ewig ungedeckt

Das heckt und das heckt
Und das heckt und das heckt.

Familie

Die Tochter zeigt viel Bein:
Sie hats noch vor sich.

Die Mutter hüllt sich ein:
Sie hats schon hinter sich.

Der Vater macht sich klein:
Er wär gern für sich.

Ein Zwiegespräch

Wie geht der Trost des Baums denn?
Des Baumes Trost geht so:

Ich habe Wurzeln gefaßt vor Jahren. Ich habe
vom Keim zum Baum mich entwickelt in Jahren. Ich
                        habe
mir Zeit gelassen die Jahre des Reifens. Ich habe
Ring um Ring angesetzt mit den Jahren. Ich habe
all die Jahre mich streckend ausgebreitet. Ich habe
die Jahre hindurch beschirmt und beschattet. Ich habe
es stillschweigend getan durch die Jahre. Ich habe
nun meinen Platz in der Welt. Alle Zeit der Welt. Ich
                        habe
nicht die Absicht, Mensch, dich zu belehrn. Ich habe
nur dies noch zu sagen: Sein geht vor Haben. Ich habe
gesprochen.

Und ich, sagt der Mensch, ich habe
die Säge.

Sorge dich nicht, borge

Mein Gott, war das wieder ein Streß im Büro!
Als ich den Laden verließ, war ich stehend k.o.
Kaum zu Hause, da dacht ich: Was pfeif ich mir rein?
Im Kühlschrank, da muß doch noch Stein-Wein sein!
Schon ist er zur Hand, jetzt den Korkzieher her –
Die Schublade auf, doch die Lade ist leer!
Gestern war er noch da, heute ist er nicht drin –
Wo ist denn nur dieser Korkzieher hin?
Moment! Hab ich den nicht verborgt?
Der Mensch ist das Tier, das sich sorgt.

Aber wem? Da fällt es mir siedendheiß ein:
Gestern abend, da schneite die Nachbarin rein
Und bat mich: »Herr Nachbar, so borgen Sie mir,
Ihrer Nachbarin, rasch Ihren Korkenziehr.
Ich bin grad dabei, meinen Chef zu verführn,
Und in dessen Hose, da will sich nichts rührn.
Nun habe ich einen Eins-a-Côtes du Rhône,
Ein geiles Getränk, das regelt das schon.
Doch die Flasche ist leider verkorkt!«
Der Mensch ist das Tier, das sich sorgt.

Ich also rüber, ich klopf an die Tür:
»Frau Nachbarin, bitte öffnen Sie mir!«
Da schaut sie schon raus: »Ach Sie – kommse rein!
Wo liegt Ihr Problem?« »Ich tränke gern Wein,
Doch die Flasche ist zu und mein Korkenziehr« –
»Ach der! Tut mir leid, der ist nicht mehr hier:
Mein Chef hat ihn mitsamt der Flasche entsteißt,
Weil nichts lief –« Da schrei ich sie an: »Das heißt,
Sie hab'n das Geborgte verborgt?!«
Der Mensch ist das Tier, das sich sorgt.

Da faßt mich die Nachbarin zart unters Kinn:
»Hat mein Nachbar denn nichts als Korken im Sinn?
Ihr Korkenzieher bleibt leider verliehn,
Doch wir könnten ja auch an was anderem ziehn,
An Gürteln und Schleifen, an Bändern und Stoffen
Und dem, was wir drunter zu finden hoffen,
Sei's der Mann bei der Frau, sei's die Frau bei dem
                                    Mann:
Es gibt viel zu ziehn. Also packen wirs an!«
Und dann hat sie's mir tierisch besorgt:
Der Mensch wird zum Gott, wenn er borgt.

Die Werra vor Kassel,
Frühlingsbeginn 2001

Sehr tröstlich, am Wasser entlangzugleiten,
Wasser, in welchem sich Stämme spiegeln,
Stämme, dabei sich zu belauben,
Laub, welches hilft, an den Frühling zu glauben,
Frühling, geschickt, den Trost zu besiegeln,
Trost, welchen Bäume am Wasser bereiten.

Gespräch vor einer schwarzfigurigen
attischen Vase im New Yorker
Metropolitan Museum

War das nicht immer
das Ziel aller Künstler:
Überpersönliche Meisterschaft?
Lief nicht was falsch,
wenn heut jeder an seinem
höchstpersönlichen Kleister schafft?

– Da ist was dran

War das nicht immer
das Glück aller Kenner:
Überprüfbare Könnerschaft?
Tönt heute nicht,
nach dem Wegfall der Regeln,
jedwedes Urteil nur gönnerhaft?

– Wer kann, der kann

War denn nicht immer
zur Hochzeit der Künste
der Künstler ein Mann ohne Eigenschaft?
Folgt draus nicht heute,
daß man all die tollen
Originale mit Schweigen straft?

Ich weiß nicht, Mann ...

Die Gedanken sind roh

Sehend das zugeschwollene Auge des Penners,
des einsamen, stets mit sich selber redenden Mannes,
dachte er bei sich: Na bitte! Dann hat der ja doch
noch
Kontakte mit Menschen.

Jahresringe

Es legen sich die Jahre
rund um das Herz wie Ringe.
Kein Sterblicher darf hoffen,
daß einer je zerspringe.

Uns Sterbliche verbindet
ein Los: Uns eint die Falle.
Kein Ring sprang je alleine.
Brichts Herz, zerspringen alle.

Das Buch

Ums Buch ist mir nicht bange.
Das Buch hält sich noch lange.

Man kann es bei sich tragen
und überall aufschlagen.

Sofort und ohne Warten
kann dann das Lesen starten.

Im Sitzen, Liegen, Knien,
ganz ohne Batterien.

Beim Fliegen, Fahren, Gehen –
ein Buch bleibt niemals stehen.

Beim Essen, Kochen, Würzen –
ein Buch kann nicht abstürzen.

Die meisten andren Medien
tun sich von selbst erledigen.

Kaum sind sie eingeschaltet,
heißts schon: Die sind veraltet!

Und nicht mehr kompatibel –
marsch in den Abfallkübel

zu Bändern, Filmen, Platten,
die wir einst gerne hatten,

und die nur noch ein Dreck sind.
Weil die Geräte weg sind

und niemals wiederkehren,
gibts nichts zu sehn, zu hören.

Es sei denn, man ist klüger
Und hält sich gleich an Bücher,

die noch in hundert Jahren
das sind, was sie stets waren:

Schön lesbar und beguckbar,
so stehn sie unverruckbar

in Schränken und Regalen
und die Benutzer strahlen:

Hab'n die sich gut gehalten!
Das Buch wird nicht veralten.

Ende ohne Schrecken

Ängstchen sitzt vorm Teller
Schrecken guckt ums Eck
Ängstchen plustert sich kurz auf
Schon ist Schrecken weg.

Theke – Antitheke – Syntheke

Beim ersten Glas sprach Husserl:
»Nach diesem Glas ist Schlusserl.«

Ihm antwortete Hegel:
»Zwei Glas sind hier die Regel.«

»Das kann nicht sein«, rief Wittgenstein,
»Bei mir geht noch ein drittes rein.«

Worauf Herr Kant befand:
»Ich seh ab vier erst Land.«

»Ach was«, sprach da Marcuse,
»Trink ich nicht fünf, trinkst du se.«

»Trink zu«, sprach Schopenhauer,
»Sonst wird das sechste sauer.«

»Das nehm ich«, sagte Bloch,
»Das siebte möpselt noch.«

Am Tisch erscholl Gequietsche,
still trank das achte Nietzsche.

»Das neunte erst schmeckt lecker!«
»Du hast ja recht, Heidegger«,

rief nach Glas zehn Adorno:
»Prost auch! Und nun von vorno!«

Das war nicht

Ach Liebling, weißt du noch? Wir in Volterra
– Das war nicht Volterra, das war Orvieto
Dieser herrliche Dom! Mit den Fresken von Giotto
– Das war nicht Giotto, das war Signorelli
Und dann das Essen! Zu rotem Orvieto
– Der war nicht rot, der war weiß, der Orvieto
raspelt der Wirt den frischen Steinpilz
– Das war kein Steinpilz, das war eine Trüffel
über die hausgemachten Penne
– Das warn keine Penne, das waren Gnocchi
Dann wir im Hotel. Direkt an der Piazza
– Das war nicht La Piazza, das war Il Parco
liebten wir uns zwischen seidenen Laken
– Die warn nicht aus Seide, die waren aus Leinen
und du schworst verzückt, ich sei schlichtweg
                                        vollkommen
– Ich war nicht verzückt. Ich war schlicht vollkommen
                                        weg.

Der ewige Zahnarzt

Mutter! Begreif doch: Ich bin erwachsen!
– Ich weiß es. Das warst du schon mit fünf Jahren.
Da konntest du »Möpschen hat Zahnweh« auswendig.
Doch a propos »Mops«: Du warst doch beim Zahnarzt?

Mutter! In diesem Jahr werd' ich sechzig!
– Ich weiß es. Du wirktest mit sechs schon so frühreif.
Doch a propos »sechs«: Alle sechs Monate
geh bitte Jahr für Jahr zum Zahnarzt.

Mutter! Ich spüre die Schwingen des Todes!
– Ich weiß es. Du hast schon mit sieben gekränkelt.
Doch a propos »kränkeln«: Denk an die Gesundheit
und gehe vorm Sterben bitte noch einmal zum
                                        Zahnarzt.

Als er gefragt wurde, wie ein gutes Gedicht
                beschaffen sein sollte:

                Gut gefühlt
                Gut gefügt
                Gut gedacht
                Gut gemacht.

X

Diagnose Krebs
oder
Alles wird gut

Erst kam der berühmte
Schuß vor den Bug.
Zuvor war ich dumm,
hernach war ich klug.

Dann folgte der klassische
Schlag ins Kontor.
Darauf war ich klüger
als jemals zuvor.

Undenkbar, daß solch einem
blitzklugen Mann
noch irgendein Tod
etwas anhaben kann.

Die Woche davor

Am Donnerstag wird zugelangt
Am Freitag wird ums Heil gebangt
Am Samstag wird viel Wein getankt
Am Sonntag wird noch leicht geschwankt
Am Montag wird mit Gott gezankt
Am Dienstag wird dem Herrn gedankt, denn erst
am Mittwoch geht's unter das Messer.

Guter Rat

O Mensch, halt ein vorm Krankenhaus.
Gehn dem einmal die Kranken aus,
dann greift man auch auf dich zurück,
und du verbleibst dort Stück für Stück.
Das präludiert mit etwas Darm,
dann schneidet man sich langsam warm
an Leber, Venen und Arterien –
so'n Krankenhaus kennt keine Ferien.
Greift nach den Alten, nach den Jungen,
nach deren Mägen, deren Lungen,
nach deren Lymphen, deren Zellen,
nach offnen wie versteckten Stellen,
nach Herz und Brust, nach Hirn und Hoden,
und bringt dich das nicht unter'n Boden,
dann doch auf Null. Was folgt daraus?
Mensch, halt dich fern vom Krankenhaus!

Schneiden und leiden

Einer sagt: Wir müssen schneiden.
Einer weiß: Ich muß jetzt leiden.

Einer sagt: Jetzt kommt der Schnitt.
Einer denkt: Da machst was mit.

Einer hat was rausgeschnitten.
Einer hat nicht ausgelitten.

Einer ist der Scheidende.
Einer ist der Leidende.

Einer war der Schneidende.
Einer bleibt der Leidende.

Das Treffen

Frau Sorge traf am Krankenbett
des Gernhardt den Herrn Kummer.
»Herr Kummer, das ist aber nett!
Wir wolln den Gernhardt-Schlummer
nicht störn, doch wenn er mal erwacht,
läuft die bewährte Nummer:
Sie kümmern sich, daß er sich sorgt,
ich sorge für den Kummer.«

Lied von der Hinfälligkeit

1

Das Lied des Hinfälligen,
sie hören es nicht gern,
die Aufrechtstehenden.
»Ich falle hin,
ihr werdet auch mal hinfallen!«
»Fall du erst mal hin,
dann sehen wir weiter!«

2

Das Leid des Hinfallenden,
sie sehen es nicht gern,
die Aufrechtgehenden.
»Ich bin hingefallen,
kann mir vielleicht jemand aufhelfen?«
»Um dabei selbst auf die Nase zu fallen?
Nichts da. Wir ziehen weiter.«

3

Das Los des Hingefallenen,
sie teilen es nicht gern,
die Aufrechtdenkenden.
»Schreitet ruhig über mich hinweg!
Aber müßt ihr dabei so fest auftreten?«
»Ihr Hingefallenen bildet das Pflaster für unser
                              Fortkommen.
Erst wenn ihr eingeebnet seid, geht's weiter.«

4

Das Lob des Hingegangenen,
sie singen es nicht gern,
die Weitergehenden.
»Wir bereiteten euch die Straße
durch den Morast der Zeit!«
»Nicht darauf hören! Weiter, rasch weiter!
Schon hebt seinen Stiefel der Nachrückende.«

Kurznachricht

Herr Aufgeschnitten
läßt wieder bitten:
»Frau Unversehrt
wird sehr begehrt!«

Nachricht von der Chemotherapie
oder
Ein flotter Dreier

»Erschöpfung, Schmerzen, Übelkeit« –
welch flottgewollter Dreier!
Wer seiner Schmerzen müde ist,
versucht sein Glück als Reiher.

Und wenn sich's ausgereihert hat,
dann gähnt das müde Herz:
Nicht wahr, ihr drei verlaßt mich nicht,

Erschöpfung,
Übelkeit und
Schmerz?!

Die Chemo spricht

Du hast die Wahl
zwischen Hand und Haar.
Höre:

Hie Oxaliplatin.
Beeinträchtigt Nerven
an Füßen und Händen.
Da kann es passieren,
daß dir jener Stift,
mit dem du dies aufschreibst,
aus der Hand fällt.

Hie Irinotecan.
Verursacht Schäden
im Haarbereich.
Da kann es geschehen,
daß dir jenes Haar,
das du dir grad raufst,
in der Hand bleibt.

Und nun wähle.

7. Juni. Rückblick und Ausblick

Ich habe es gehabt.
Bei mir hat es geklappt.
Zum Auftritt und zum Bücherkauf,
da kam das Lesevolk zuhauf.
Dann hat er mich geschnappt.

Dann hat er mich geschrägt.
Mich vorerst stillgelegt.
Jetzt setzt er die Termine fest,
gibt grünes Licht oder den Rest.
Ich bin der Ast, er sägt.

Bin zugleich Kombattant.
Mein Körper Feindesland
ist abgefüllt mit Kriegs-Chemie.
Das zwäng den Tumor in die Knie,
versichert der Verstand.

Ich werde es erfahrn.
Wie sinnvoll Opfer warn,
entscheidet sich erst unterm Strich.
Was wird da stehn: »Er« oder »Ich«?
Den Rest könn' wir uns sparn.

Zweierlei Therapie

Weil Krankheit stets nach Heilung schrie,
ersann der Mensch die Therapie.

Die kann durchaus ein Segen sein.
Doch gilt das durchweg? Leider nein.

Spricht der Arzt von »adjuvant«,
hängt der senkrecht an der Wand.

Spricht er von »palliativ«,
hängt der ganze Segen schief.

Denn das Wort bedeutet schlicht:
Wahre Heilung gibt es nicht.

Woraus folgert: Der Klient
bleibt ein Leben lang Patient

einer Medizin, die schaut,
daß er nicht zu rasch abbaut.

Leben strecken, Leiden lindern,
Trübsal dämpfen, Schmerzen mindern –

all das ist zutiefst sozial,
unterm Strich jedoch fatal,

da es auf ein Ende zielt,
das stark ins Finale spielt:

Dürrer werden, matter werden,
Abschied nehmen von der Erden,

nach und nach – zuerst vom Kiez,
dann vom Heim, dann vom Hospiz,

dann, zum Sterben durchgewunken,
sprich: palliativ gesunken,

siehst du endlich wieder Land:
So ein Tod heilt adjuvant!

Invasion der Bienenfresser

I

Nie hier gesehn! Und jetzt so viele!
Alle im Flug! Und alle so schön!
Alle kreisen und rufen. Und aller Tiefsinn
löst sich in Luft auf und Hochgefühl.

II

Ach, sagte die Biene,
die Welt wird weiter mit jedem Tag.
Waben umschlossen mich anfangs,
den Stock hielt ich für die Welt.
Doch dann der Ausschlupf,
der Ausblick, der Ausflug, der Aufstieg.
Und nun ich im Aufwind:
Im Blau lockt das Glück,
in das ich nun fliege.

– Du mußt nur die
Flugrichtung ändern,
sagte der Bienenfresser
und fraß sie.

Große Anrufung des
heiligen Franziskus

San Francesco! Wenn ich nicht sehr irre, dann bist du
der Schutzpatron eines Italiens, in dem du vor Zeiten
den Vögeln gepredigt hast. War unter denen
nicht auch ein fringuello?

Ich frag das, da ich soeben der Zeitung entnehme,
mit dem heutigen ersten Oktober beginne das Jagen,
und das bis Ende November, auf einen Vogel
mit Namen fringuello.

Tierfreunde schätzen, daß 1,5 Millionen
dieser Geschöpfe dran glauben werden müssen.
Fragt sich: Woran? Sind immer noch, fürchte ich,
                                        Heiden,
deine fringuelli.

Wundert es dich? Seitdem du den beiden gepredigt,
den Italienern und den Vögeln des Landes,
machen die italienischen Christen Jagd
auf den Bruder fringuello.

Jagten die Vögel natürlich auch früher. Der Hunger
war vormals groß. Da wog selbst ein kleiner Bissen
schwerer als alle Liebe zu Gottes Geschöpfen,
inklusive fringuelli.

Tempi passati! Heute muß keiner mehr hungern.
Schon gar nicht einer der siebenundvierzigtausend
Jäger, die heuer erneut die Toskana
fringuellifreihalten.

Sieh dir doch an, was allein deren Fahrzeuge kosten,
vierradgetrieben, addiere die Knarren, Klamotten –
ein ganzes Heer, gerüstet wie für die Feldschlacht,
bekämpft den fringuello.

Heil'ger Franziskus! Bedenke: Ein jeder der Jäger
darf laut Gesetz bis zu zehn dieser Vögel erlegen.
Macht – fast hätt ich gesagt nach Adamo Gigante –
rund fünfhunderttausend fringuelli.

Alles im grünen Bereich, meint Tito Barbini,
zuständig für die Landwirtschaft der Toskana,
für die Jagd, den Schutz der Umwelt und damit
                                     natürlich
auch für den fringuello.

Schutzpatron Franz! Mal ehrlich: Was gibt's da zu
                                     schützen?
Anders gefragt: Könntest *du* nicht den Tito Barbini
und seine Jäger so schützen wie diese die Umwelt
mitsamt den fringuelli?

Nein, nicht gleich abknalln. Gib ihnen eine Chance.
Nimm ihnen etwas Gesundheit, was zugleich Zeit
                                     meint.
Fühln sie sich schlecht in den Wartezimmern, so
                                     kommt das
doch dem fringuello zugute.

Nimm mich als Beispiel: Der Befund, die Klinik, der
Schnitt.
Bettruhe, mühsame Rückgewinnung des Gehens.
Wenn jeder Schritt schmerzt – wie erst der Rückstoß
der Knarre!
Freu dich, fringuello!

Sieh wie es jetzt läuft: Dienstag zur Blutabnahme,
Mittwoch zur Chemo. Das meint ganze Stunden am
Tropf.
Schlappheit danach und Ekel und manchmal auch
Durchfall –
da schmeckt kein fringuello.

Geht auch ins Geld, das Kranksein. Addio Gewehre!
Addio Kampfwagen, Jagdhunde, Tarnkleidung,
Fernglas!
Ist erst das Land von den Jägern gesäubert, dann heißt
das:
Salve fringuello!

San Francesco! Das ganze war nur ein Vorschlag.
Du bist der Heilige. Aber bedenke bitte:
Manchmal da heiligt der Zweck auch die Mittel, und
schließlich
ist der fringuello der Buchfink!

Schöne Aussichten am Morgen
des vierten Oktober

Nun weiß ich wieder, was ich hab.
Nun fühl ich wieder, was ich will.
Wer das da sieht, der macht nicht schlapp.
Wen das erwartet, hält nicht still.
Der schreit vielmehr:

Nein, ich flieg jetzt nicht aus der Kurve!
(Wo es doch heute Mittag geradewegs in die »Costa
Chiara« geht.)

Nein, ich schau mir die Radieschen nicht von unten
an!
(Wo ich doch schon bald von oben auf die Antipasti
blicke.)

Nein, ich beiß nicht ins Gras!
(Wo doch eine Bistecca Fiorentina als Hauptgang
wartet.)

Nein, ich geb meinen Löffel nicht ab!
(Wo ich den doch noch für das Dolce brauche.)

Ja, ich laß den lieben Gott einen guten Mann sein!
(Wo der doch früher oder später die Rechnung
präsentieren wird.)

Zum guten Schluß
ein wirklich guter Rat

Ungutes ist zu berichten:
Dickdarmkrebs trifft alle Schichten.
Fünfzigtausend fällt er an,
und das jährlich,
dreißigtausend sterben dran,
sein wir ehrlich:
Totsein hilft nicht wirklich weiter.
Überleben wär gescheiter,
und das geht, vorausgesetzt,
daß dem Tod, ders Messer wetzt,
letzteres zu Boden sinkt,
ehe er den Stich anbringt.
So ein Tod geht über Leichen.
Nicht durch Worte zu erweichen,
muß man ihn durch Taten hindern,
unsre Lebenszeit zu mindern.
Jedem Heute folgt ein Morgen,
also gilt es vorzusorgen,
was im Falle Darmkrebs heißt,
daß man etwas Mut beweist
und den Darm charakterfest
einer Spieglung überläßt.
Einer Spieglung? Einer Reise!
Langsam, lichtgestützt und leise
dringt ein Auge ins Gekröse,
übermittelt gute, böse
Bilder, und ein Monitor
stellt sie Arzt und Model vor:
Rote Grotten, feuchte Schlunde,
hie Polypen, die im Grunde

harmlos sind, hie fahle Flecken,
die beim Arzt Verdacht erwecken.
Zwick! entnimmt er mittels Zange
eine Probe, und nicht lange
drauf vermeldet das Labor:
Stimmt, hier liegt ein Tumor vor.
Zack! Der Krebs hat sich geoutet,
weshalb unser Fazit lautet:
Besser ist's, den Darm zu spiegeln,
als das Leben zu besiegeln.
Klüger ist's, den Krebs zu schneiden,
als das Sterben zu erleiden.
Schöner ist's, zu therapieren,
als Gesundheit zu verlieren.
Haarig ist die Therapie,
aber immer,
kürzer lebt man ohne sie.
Das ist schlimmer.
Daher lautet meine Meaning:
Unterzieht euch diesem Screening,
da selbst der, der kein Prophet ist,
weiß, daß nicht mehr früh zu spät ist.
Früherkennung sei das Motto!
So ein Krebs ist zwar ein Lotto,
das, dem Zufall unterstellt,
den verschont und den befällt,
doch ein Schicksal ist er nicht.
Flackert auch das Lebenslicht,
kann doch der, der's früh erkennt,
helfen, daß es weiterbrennt.
Helfen. Das meint nicht: Erzwingen.
Doch beim Darmkrebs kann gelingen,
wonach alles Leben strebt,
nämlich: Daß es weiterlebt.

Krieg als Shwindle

2003. ENDE JANUAR. Die Präventivkriegsvorbereitungen der US-Regierung laufen auf Hochtouren, doch in Europa gibt es noch immer Staaten, die auf einer friedlichen Lösung des Konflikts durch die Fortsetzung der Arbeit von UN-Waffeninspekteuren im Irak bestehen. Für diese Abweichler findet der amerikanische Verteidigungsminister Donald Rumsfeld die Formulierung, sie gehörten zum »alten Europa« – eine Paarung, die am Jahresende zum »Wort des Jahres« gekürt wird.

Sonett von dem jungen Amerika
und den alten Europäern

Der am'rikan'sche Aar spreizt seine Schwingen
zu jugendfrohem Flug ins Land des Bösen.
Das gute Öl vom Saddam zu erlösen:
Jetzt oder nie muß dieser Streich gelingen!

Ach, daß wir abseits stehn bei diesem Ringen!
Wir alten Europäer sehn entgeistert,
wie feurig junges Volk solch Wagnis meistert.
Laßt mich davon ein – ältres – Liedlein singen:

Sternbanner hoch! Kampfhelme gut verschlossen!
USA marschiern mit heißem Jünglingtritt.
Die Rache winkt. Und die wird cool genossen.

Zwar macht der Feind beim Kriegsspiel nicht recht mit –
doch daß ein Krieg wird, ward mit Gott beschlossen:
Wenn keiner schießt, wird halt zurückgeschossen.

ANFANG FEBRUAR. Der amerikanische Außenminister Powell begründet die dringende Notwendigkeit eines amerikanischen Angriffs auf den Irak vor dem UN-Sicherheitsrat. Am 5. Februar erklärt er diesem Gremium, der Irak besitze Massenvernichtungsmittel, die eine Gefahr für den Rest der Menschheit darstellten. »Das sind keine Behauptungen, das sind Tatsachen.« Berichten der UN-Waffeninspekteure, sie hätten bisher keinen Beweis für eine solche Anschuldigung finden können, tritt die amerikanische Regierung mit dem Argument entgegen, dieser Umstand belege lediglich, wie gut die Waffen versteckt seien.

Am 4. April 2004 gibt Powell zu, bei seinen Angaben des Vorjahrs habe er sich auf »zweifelhafte Quellen« gestützt: Es scheine, daß die »besten verfügbaren nachrichtendienstlichen Informationen« nicht »allzu zuverlässig« gewesen seien.

Sonett von der nie versagenden Bush-Powell-Rumsfeldschen Schuldzuweisung

Jedwede Schuld ist jederzeit beweisbar.
Daß jemand beispielsweise lärmen will,
wird durch den Fakt belegt, daß er stets still,
ja direkt unverschämt dezent und leis war.

Denn dadurch, daß der Lärmer ständig leis ist,
versucht der Bastard listig zu verschleiern,
wozu er wirklich zählt. Meint: Zu den Schreiern.
Wofür sein stetes Nichtschrein der Beweis ist.

Denn schriee er, er wär sofort enttarnt.
Draus folgt: Man muß ihm in die Fresse schlagen,
bevor er Laut gibt und die Ruhe stört.

Der Schurke schweigt? Wir haben ihn gewarnt
und jedes Recht, den Lärmer anzuklagen:
Taugt doch als Zeuge jeder, der nichts hört.

---

*ENDE FEBRUAR. Angela Merkel, die Vorsitzende der
CDU, besucht die USA und kritisiert in einem Artikel
für die »Washington Post«, die den Krieg ablehnende
Haltung der rot-grünen Regierung. Zuvor bereits, am
8. Februar, hatte sie Präsident Bush und dessen Minis-
tern ihr volles Vertrauen ausgesprochen: »Die Bedro-
hung durch Saddam Hussein und seine Massenvernich-
tungswaffen ist real.«*

Sonett vom Schwächeln und Stärkeln

Einst einte den Atlantik helles Lächeln.
Nun liegt der Nato Zukunft ganz im Dunkeln.
Und aus dem State Department hört man's munkeln,
das vormals starke Bündnis sei am Schwächeln.

Gewisse Deutsche wollten nicht mehr buckeln.
Anstatt vereint den Kriegsfall hochzuschaukeln,
versuchten sie dem Bürger vorzugaukeln,
auf deutschem Sonderweg dahinzuzuckeln.

Ist niemand da, mit denen anzubandeln?
O doch. Ein Frauenzimmer sieht man fuchteln,
sie wollt' die Politik der Stärke stärkeln.

Wer die Frau sei? Was sie beweg' zu handeln
nach Mannesart? Hört's, Pazifistenschwuchteln!
Ihr solltet euch den Namen Merkel merkeln!

―――――――――――

*ANFANG MÄRZ. Dazu aufgefordert, seine ohnehin nicht
weitreichenden Al-Samud-Raketen zu zerstören, be-
ginnt der Irak zögernd zwar, doch fristgerecht damit,
die beanstandeten Waffen funktionsunfähig zu ma-
chen. Es nützt ihm wenig. Kurz darauf wird George W.
Bush ein weiteres Ultimatum verkünden, das Saddam
Hussein eine Frist von 36 Stunden zum Verlassen des
Landes vorschreibt, andernfalls sei der Krieg unver-
meidlich.*

Sonett vom Gebet des George W. Bush
zu seinem Gott

O Lord! DU siehst den Bastard das verschrotten,
weshalb wir ihn, von DIR bestärkt, verteufeln –:
Läßt DU DEIN Volk an DEINEM Rat verzweifeln,
wird alle Welt den Frieden so vergotten,

Daß nichts mehr läuft: Ganz ungenutzt verrotten
die besten unsrer Waffen. Es verstummen
die schlausten unsrer Köpfe. Sie verdummen
fortan nicht mehr. An ihrer Statt verspotten

Dreist Friedenstauben Falken, die versessen
versuchten jeden Frieden zu verhindern.
O Lord! Wenn ich DICH bitte, zu verbitten,

Dem Krieg das letzte Schlupfloch zu verkitten,
dann deshalb: Die zum Weich-Gott DICH vermindern,
soll'n nicht den Gott des Schlachtens, MICH, vergessen.

---

*ENDE MÄRZ. Pünktlich zum Frühlingsanfang beginnt
die amerikanische Luftwaffe die »Shock and Awe« ge-
taufte Bombardierung Bagdads. »Furcht und mit Ent-
setzen gepaarte Ehrfurcht« soll die Folge eines vom
Gegner kaum behinderten Bombeneinsatzes sein, der
ein neues Niveau konventioneller Zerstörungstechnik
markiert. Nicht zuletzt von der »Mutter aller Bom-
ben« verspricht sich das Pentagon eine friedensfördern-
de Wirkung bei der Zivilbevölkerung.*

Sonett vom Versuch eines amerikanischen
Pressesprechers, einem irakischen Kind
den Krieg zu erklären

Mein liebes Kind, wir wollen dich befreien.
Das heißt: Wir müssen dich zuvor beschießen.
Wenn du das so verstehst: Als das Begießen
des Pflänzchens Freiheit, wirst du uns verzeihen.

Mein Kind, dir blüht die Mutter aller Bomben.
Wenn sie dich trifft, dann nimm das nicht persönlich.
Wenn du sie triffst, so grüße sie versöhnlich:
Wo keiner bohrt, kann niemand was verplomben.

Das meint: Wenn wir dir deine Stadt zerhauen,
dann mit dem Zweck, sie schöner aufzubauen.
Sofern du tust, mein Kind, was dir geheißen,

Wirst du schon bald das Reich der Freiheit schauen.
Du zweifelst noch? Uns kannst du blind vertrauen:
Wer dich beschießt, muß dich nicht noch bescheißen.

———————————

*ANFANG APRIL. Der Irak wird von amerikanischen
Truppen besetzt, und im ganzen Lande stürzen die
Saddam-Statuen. Ihr Vorbild freilich ist verschwunden
und er wird es noch lange bleiben: Erst am 14. Dezem-
ber gelingt es den Besatzern, den Mann zu fassen, des-
sen »decapitation« zu Beginn des Krieges ebenso fehl-
geschlagen war wie bei nachfolgenden Versuchen.*

Sonett vom Entsorgen eines Diktators

Zu Kriegsbeginn hieß der Befehl: Enthaupten.
Doch das ging schief. Der Schurke konnt' entkommen.
Das hab ich unserm Blätterwald entnommen,
dem immer dürreren, schon fast entlaubten.

Seither ist Saddams Schicksal nicht entschieden.
Der Schuft scheint unwillig, sich zu entleiben,
sich zu entmannen oder zu entweiben –
wird er für alle Zeit die Welt entfrieden?

Nicht, wenn sie's schafft, ihn derart zu entfernen,
daß es gelingt, ihm stückweis zum Entzücken
der Gegner all die Glieder zu entreißen:

Ihn nach und nach entbauchen und entkernen,
entarmen und entbeinen und entrücken
und ihm als Letztes seinen Kopf entsteißen.

ANFANG MAI. Am 2. Mai verkündet Präsident Bush das Ende der Kampfhandlungen – »mission accomplished« –, in den folgenden Monaten des Jahres 2003 werden mehr amerikanische Soldaten bei Schießereien und Attentaten umkommen als während der Dauer des offiziellen Krieges. Die Siegeserklärung wird von Drohungen gegenüber weiteren Schurkenstaaten wie Syrien und dem Iran begleitet, während der Grund, welcher in den Irak-Krieg geführt hatte – die Massenvernichtungswaffen –, von Paul Wolfowitz, dem stellvertretenden amerikanischen Verteidigungsminister, für unerheblich erklärt wird: Diese Waffen seien lediglich aus politischen Gründen derart in den Vordergrund gerückt worden. Bis Ende des Jahres werden keinerlei Beweise für die Existenz der vor Jahresfrist so eindringlich beschworenen irakischen Vernichtungspotentiale gefunden; am 3. Oktober räumt die amerikanische »Iraq Survey Group« ein, was Blix, der Leiter der UN-Waffeninspekteure, bereits vier Monate zuvor in seinem Abschlußbericht festgestellt hatte: Ergebnis Fehlanzeige. Im Januar 2004 schließlich unterläuft einem weiteren Kriegsherrn ein bezeichnender Lapsus: Der britische Premier Tony Blair spricht vor englischen Truppen in Basra statt von »weapons of mass destruction« versehentlich von »weapons of mass distraction«, also von »Massenablenkungswaffen«.

Sonett vom Lehrmeister Krieg

So'n Krieg macht klug. Was wußten wir vom Kurden,
von Baath-Partei, Peschmerga und Sunniten,
was war'n uns Mosul, Tikrit, was Schiiten,
bevor wir täglich schlau und schlauer wurden?

Bagdad – vertraut wie unsre Westentasche!
Samt Saddam-City, Dschumhurija-Brücke,
dem Palestine Hotel und jener Lücke,
da der Palast stand. Friede seiner Asche.

Klug schaun mer aus: Fachleute wider Willen.
Schwer abgefüllt mit Tönen, Wörtern, Bildern
aus des Zweistromlands nahgerückten Fernen.

War's das? fragt mancher sich bedrückt im Stillen.
Wird uns der Krieg bald neuen Schauplatz schildern?
Soll'n wir als nächstes Syrien kennenlernen?

Toscana, 2002

Zypressen muß ich nicht haben.
Nicht welche, die sichtbar vergehen.
Was stehen die in der Landschaft rum?
Das Vergehen muß ich nicht sehen.

Das zieht sich ganz schön, dieses Sterben.
Das ist eine Sache von Jahren.
Weshalb die so langsam den Bach runtergehn?
So genau muß ich das nicht erfahren.

Zypressen muß ich nicht sehen.
Was nicht da ist, kann keiner vermissen.
Warum mich das alles so total nervt?
All das muß ich wirklich nicht wissen.

Wiedersehen und Abschied am 27. Juni 2004

Es tut mir in der Seele weh,
wenn ich dich seh, Badía See.

Einst warst du rings von Wald umsäumt,
im Schilf versteckt, im Grün verträumt.

Heut liegt dein Ufer bloß und nackt.
Da haben Menschen zugepackt.

Einst warst du voll Gesumm, Gesang,
Getier, Gefrosch, Gelurch, Geschlang.

Heut summt nichts mehr, heut fliegt nichts mehr.
Dank Menschen bist du tiereleer.

Einst sprang ich nackt in dich hinein:
Hier war ich Mensch, hier durft ichs sein.

Heut lohnts nicht mehr, sich auszuziehn.
Wo Menschen wüten, muß Mensch fliehn.

Einst schlug mein Herz, wenn ich dich sah.
Heut geht mir deine Nacktheit nah.

Grad, daß mich keine Träne nässt.
Wir Menschen sind schon eine Pest.

Rückblick, Einsicht, Ausblick

Durch die Landschaft meiner Niederlagen
gehe ich in meinen alten Tagen:

Abends ist es am schlimmsten. Das Streiflicht
der nur langsam untergehenden Sonne
modelliert die fernen gefalteten Berge,
die nahen gespaltenen Steine, kurz alles,
was sich ihm in den Weg stellt.

Abends war es am schönsten. Den Lichtstreif
der untergehenden Junisonne

für immer festzuhalten, verbrachte
ich Stunden um Stunden vor Leinwand und Landschaft,
ein Weg ohne Ende.

Abends war er am stärksten, der Eindruck,
diesmal den treffendsten Ausdruck zu finden
fürs glorreiche Ineinander der Lichter,
der Schatten, der Dinge, der Farben: Du bist
auf dem richtigen Wege!

Abends ist sie am stärksten, die Einsicht:
Du warst deiner Aufgabe niemals gewachsen.
Immer noch flüchtig das Licht. Nur ein Schatten
davon auf deiner Leinwand zu ahnen,
kein Weg, eine Sackgasse.

Abends ist es am schönsten. Der Streifzug
rund um den Hügel von Montaio
berückt und verzückt und beglückt wie damals.
Verrückter Gedanke, das halten zu wollen,
was nur Schein und dann weg ist:

Durch die Landschaft meiner Niederlagen
geh ich wie in alten Tagen.

Aus dem Lieder- und Haderbüchlein des Robert G.

Schuldchoral I

O Robert hoch in Schulden
vor Gott und vor der Welt!
Was mußt du noch erdulden,
bevor dein – nein, nicht Gulden –,
bevor dein Groschen fällt?

Dein Groschen war einst golden,
nun ist er eitel Blei.
Und mit dem Kind, dem holden,
dem Frühling und den Dolden
ist es schon lang vorbei.

Spiel also nicht den Helden,
der noch auf Unschuld hält.
Schuld muß der Mensch vergelden.
Wann dürfen wir vermelden,
daß auch *dein* Groschen fällt?

Geh aus mein Herz
oder
Robert Gernhardt liest Paul Gerhardt
während der Chemotherapie

Geh aus mein Herz und suche Leid
in dieser lieben Sommerszeit
an deines Gottes Gaben.
Schau an der schönen Gifte Zier
und siehe, wie sie hier und mir
sich aufgereihet haben.

Die Bäume stehen voller Laub.
Noch bin ich Fleisch, wann werd ich Staub?
Ein Bett ist meine Bleibe.
Oxaliplatin, Navoban,
die schauen mich erwartend an:
Dem rücken wir zuleibe.

Die Lerche schwingt sich in die Luft.
Der Kranke bleibt in seiner Kluft
und zählt die dunklen Stunden.
Die hochbezahlte Medizin
tropft aus der Flasch' und rinnt in ihn.
Im Licht gehn die Gesunden.

Die Glucke führt ihr Völkchen aus.
Der Mensch verfällt im Krankenhaus
ganz lärmbedingtem Grimme.
Des Baggers Biß, der Säge Zahn,
die hören sich viel lauter an
als jede Vogelstimme.

Die Bächlein rauschen durch den Sand.
Wie gern säß ich an ihrem Strand
voll schattenreicher Myrten.
Die Wirklichkeit liegt hart dabei.
Sie ist erfüllt vom Wehgeschrei
der Kranken und Verwirrten.

Die unverdroßne Bienenschar
nimmt summend ihren Auftrag wahr
und nascht an jeder Blüte.
Mir brummt der Kopf, mir taubt die Hand,
statt süßem Duft füllt wüster Sand
mir Seele und Gemüte.

Der Weizen wächset mit Gewalt.
Ich aber fühl mich dürr und alt,
das Weh verschlägt mirs Loben
des, der so überflüssig labt
und mit so manchem Gut begabt:
Des hohen Herrn da oben.

Ich selber möchte nichts als ruhn.
Des großen Gottes großes Tun
ist für mich schlicht Getue.
Ich schweige still, wo alles singt
und lasse ihn, da Zorn nichts bringt,
nun meinerseits in Ruhe.

Von Fall zu Fall

Herrgott! Ich fiel aus deiner Hand
grad in des Teufels Krallen.
Doch hör! Der kleine Unterschied
ist mir nicht aufgefallen.

Frage und Antwort

»Warum muß das alles sein?«
Wer so fragt? Das arme Schwein.
Was das kluge Schwein erwidert?
»Robert, wirst halt ausgegliedert.«

Trotz

Robert, ach du Armerchen,
dein Gott ist kein Erbarmerchen,
dein Gott ist eine Geißel.
Drum, Robert, stell den Jammer ein.
Dein Gott will dir ein Hammer sein?
Dann sei ihm, Robert, Meißel.

Schuldchoral II

O Robert hoch in Schulden
Vor Gott und vor der Welt,
Was mußt du noch erdulden,
Bevor dein Groschen fällt?
Durch Speien und durch Kotzen,
Läßt der sich nichts abtrotzen,
Der auch dein Feld bestellt.

Dein Feld trägt lauter Dornen
Und Disteln ohne End.
Wie um dich anzuspornen:
Du hast genug geflennt.
Beim Rupfen und beim Jäten
Läßt der wohl mit sich reden,
Den man den Vater nennt.

Dein Vater starb im Morden,
Da warst du noch ein Kind.
So bist du nicht geworden,
Wie andre Menschen sind.
Und mußt dich doch ergeben,
Du hast nur dieses Leben.
Mach also nicht so 'n Wind.

Dialog

– Gut schaust du aus!
– Danke! Werds meinem
Krebs weitersagen.
Wird ihn ärgern.

Totengedenken

Das ist doch das Schöne an den Toten:
Da ist so gut wie alles erlaubt und nichts verboten.

Du kannst sie verhöhnen, du kannst sie beleidigen –
Sie werden sich nicht dagegen verteidigen.

Du kannst sie belästigen, du kannst sie verlassen –
Sie werden dich nicht dafür hassen.

Du kannst ihnen vorwerfen, sie übertrieben –
Sie werden dich deshalb nicht weniger lieben.

Du kannst sie foltern, du kannst sie quälen –
Sie werden es niemandem weitererzählen.

Du kannst sie verehren, du kannst sie verlachen –
Sie werden deshalb kein Aufhebens machen.

Du kannst sie salben, du kannst sie bespeien –
Sie werden dir weiterhin alles verzeihen.

Du kannst sie nach Strich und Faden betrügen –
Sie werden sich jeder Missetat fügen.

Du kannst sie erinnern, du kannst sie vergessen –
Sie werden an anderen Ellen gemessen.

Du kannst sie vergessen, du kannst sie erinnern –
Bei diesen Gewinnern bleibst du der Verlierer.

Abschied

Ich könnte mir vorstelln,
mich *so* zu empfehlen:

Die Zeit. Ich will sie euch
nicht länger stehlen.

Den Raum. Ich will ihn euch
nicht länger rauben.

Den Stuß. Ich will ihn euch
nicht länger glauben.

Das Ohr. Ich will es euch
nicht länger leihen.

Das Aug. Ich will es euch
nicht länger weihen.

Das Hirn. Ich will es euch
nicht länger mieten.

Die Stirn. Ich will sie euch
nicht länger bieten.

Das Herz. Ich will es euch
nicht länger borgen.

Den Rest? Den müßt ihr
schon selber entsorgen.

Vom Hunger

Ist eine böse Lust
Sitzt zwischen Beinen
Wenn es nicht deine sind
Sinds doch die meinen

Ist eine liebe Not
Die will sich paaren
Bitt dich, gestatte ihr
In dich zu fahren

Ist eine schöne Ruh
Wenn wir es hatten
Heiß sind die Hungrigen
Selig die Satten.

Ein breiter Reiter

Gemeinhin bin ich ziemlich breit,
wenn ich zu meiner Liebsten reit.
Verflüchtigt sich des Tages Brast,
mach ich zunächst im Wirtshaus Rast,
und lasse mir nach kurzem Ringen
so drei, vier Gläschen Obstler bringen.
Spür ich die auf der Zunge brennen,
dann laß ich rasch nach Nachschub rennen
sowie, schon winkt das Abendbrot,
nach einem Wein, und zwar in rot,
gepaart mit – nicht sehr schwer zu raten –
ganz ausgesuchtem Schweinebraten.

Drauf fang ich an, mich laut zu brüsten,
ich müsse mich zur Liebe rüsten,
war auch gewillt, bald aufzubrechen,
würd sich nicht Eile meistens rächen
bei Frauen, welche Liebe brauchen.
So red ich, fange an zu rauchen
und trink in Mengen, sprich: in rauhen,
vom Bier, das sie im Wirtshaus brauen.
Dann halt ich ein. Nun bin ich randvoll
und frag, wohin ich mit dem Brand soll,
um mich sodann nach längrem Brabbeln
zu raschem Aufbruch aufzurabbeln,
indem ich Sattel und Schabracke
geschwinde auf das Rößlein backe,
und mich dazu. Aus voller Brust
sing ich von Lieb, sing ich von Rust,
ich eile voller Trieb und Brunst,
schon bin ich da, ich steige runst
und herze lachend meine Braut,
da sagt sie, daß ihr vor mir raut.
Ich werde wild, ich brause auf,
ich knöpfe ihre Rause auf –
da schickt sie mich, den edlen Retter,
per Faustschlag auf die Dielenbretter.
Ein uppercut, nach Art der Briten –:
O wär ich niemals fortgeritten!

Malade Ballade

Es war in grauer Novembernacht,
da ist die Frau unter Schmerzen erwacht.

»Was stehst da im Dunkel, mein lieber Mann
und fassest so schmerzhaft mein Füßlein an?«

»Und fass ich dein Füßlein so schmerzhaft an,
so ist das nicht ohne Absicht getan.«

»Sag mir, mein Mann, welche Absicht du hast,
wenn du nächtens mein Füßlein so schmerzhaft
anfasst?«

»Ich, Frau, bin krank, und ich ich möchte gesunden.
Da hat mir mein Arzt ein Mittel gefunden.«

»Welch Mittel, mein Mann? O sag mir gezielt,
welche Rolle mein schmerzhaftes Füßlein spielt!«

»Dein Füßlein allein vertreibt meine Pein,
drum brech ich es ab und verleib es mir ein.«

»Und hilft dir mein Füßlein zu gesunden,
brichs ab, lieber Mann, und laß es dir munden.

Brichs ab, auch wenn's schmerzt, brich es ab, lieber
Mann.
Ich hab ja ein zweits. Auf dem hüpfe ich dann.«

Knabberwix

Gute Vorsätze

Frage nicht: Wie soll das enden?
Tu etwas mit deinen Händen!

Sage gleich nach dem Erwachen:
Heute werd ich etwas machen!

Klage nicht: Nichts klappt auf Erden!
Leb im Glauben: Wird schon werden!

Wage frisch: Dann wirst du's schaffen,
deinen Chef dahinzuraffen.

Trage keine Reu im Herzen:
Der Verlust ist zu verschmerzen!

Welt der Wunder

Unsre Welt ist voller Wunder,
staunend nehme ich sie wahr:
So die Alpen und die Berge
So die Sterne hell und klar
So die Weser und die Flüsse
So die Himmel hoch und hehr –
doch das größte aller Wunder
sind die Ostsee und das Meer.

Couplet-Fragment

Aus Stockholm kam der Anruf,
Nobelpreis stünde an.
Verleihung wäre Samstag.
Die Frau sagt: Lieber Mann,
wir warn schon zweimal auswärts,
und dreimal hat kein Stil –:

Drei Abende in Reihe
sind meiner Frau zuviel.

Mittagsfragen an die Katz

Haste jut jefuttert?
Wurdste jern bemuttert?

Haste jut jefressen?
Wars jerecht bemessen?

Haste jut jetafelt?
Wurd nich rumjeschwafelt?

Hast jenug vom Atzen?
Jeht et jetzt ans Ratzen?

Na denn penn ma jut!

Blanker Neid auf rote Sommer

Eine Klage für Peter Hacks nach Motiven von Peter Hacks

Derweil im großen Haufen wir auf überfüllten,
Erhitzten Straßen schrittweis in den Süden fahren,
Erblüht in meinem Kopf, dem reichlich zugemüllten,
Ein jähes Bild vom Schönen, Guten, Wahren –:

Erstehn vor meinem Auge Preußens Kommunisten
Auf raschem Weg in ihre Sommerresidenzen,
In Linnen leichtgewandet, duftenden Batisten,
Und auf dem Rücksitz Phlox, die Freundin zu
                              bekränzen.

So bremsen sie vor den Parterren mit Verbenen,
Und lichte Frauen treten aus Remiseschatten,
Und reichen hellen Wein, den sie gleich Pfauentränen
Der Traube schierer Schönheit abgewonnen hatten.

Dann schlendert man den Heckenweg zum See
                              hinunter,
Vom Klassenkampfe plaudernd und von bessren
                              Tagen –
Ich aber, noch im Stau, ein Spielball bunter
Erlesner Hacksscher Bilder, hebe an zu klagen:

Weh, daß ich Westler bin, ein Opfer der Geschichte,
Dazu verdammt, mit der Toscana anzubandeln,
Gegrillt von Hitze und gepfählt vom Lichte,
Statt deutscher Bäume tiefe Schatten zu durchwandeln!

Die aber sind Besitz betuchter Sozialisten.
Daß Hacks dazugehört, ist freilich zu begrüßen:
Dem dünkelhaftesten von Preußens Kommunisten
Solln rote Sommer noch so manches Jahr versüßen.

Finger weg!

Poeten, die nicht zeichnen können,
sollten's besser lassen.
Das gilt für Günter Kunerten,
das gilt für Günter Grassen.
Das gilt für all die Kritzelnden,
die zagen wie die forschen,
für Friederiken Mayröckern
als auch für Gerald Zschorschen.

Ein Maler, der nicht zeichnen kann
und 's tut, der sei verworfen.
Das zielt auf Paule Wunderlich
und Jörge Immendorfen.
Auf Fettingen und Salomen,
auf sie und ihre Sachen.
Und eine, die 's noch schlimmer treibt.
Sie heißt Elvira Bachen.

Ich ich ich

1

Uraltem Weistum folgend,
schreit ich gesegneten Pfad –
»Kann man heut noch so reden?«
Natürlich. Ich tat es doch grad.

2

Freunde zieht mich nicht der Stumpfheit!
Stimmts nicht an, das alte Lied.
Ihr nicht, die ihr doch der Sumpf seid,
der mich in die Tiefe zieht.

3

Ich bin stolz, ein Deutscher zu sein.
Die Deutschen sind stolz auf mich.
Wie? Der zweite Satz trifft nicht zu?
Dann stimmt auch der erste nicht!

Alter Wein

Warm preist ihr mir den alten Wein.
Wie meinen? frag ich kalt.
Was soll das sein: Ein alter Wein?
Bei mir wird Wein nicht alt.

Bei mir ward manches alt und kalt:
Kopf, Rücken, Herz und Bein.
Es schwanden Schönheit und Gestalt.
Beim Wein muß das nicht sein.

Was immer auf der Flasche steht,
ob alt, ob jung der Wein:
Mit etwas gutem Willen geht
beim Reinen alles rein.

Koenig Fussball

Ein Akrostichon-Sonett
verfasst in der dunklen Zeit
des Schiedsrichterskandals

Kam einst so stolz daher in Purpurfarben!
Ohn' allen Makel Szepter, Kugel, Krone.
Erhobnen Hauptes saß er auf dem Throne
Nach Herrscherart. Auf seinen Wink erstarben

Im ganzen Lande Handeln, Streben, Hasten.
Gemeinsam ging das Riesenheer Getreuer
Für seinen König samstags durch das Feuer
Und fieberte in Stadien, vor dem Kasten.

Stark schien das Glück. Und mußte doch enteilen,
Seit schnöde Schiris, Geier unter Tauben,
Brutal auf Ehrlichkeit und Fairness pfiffen.

Aufklagend hat das Fußballvolk begriffen:
Land unter! Mit ihm Königstreu und Glauben.
Läßt Zeit *den* Schlag vernarben? Gar verheilen?

Wir Weltmeister

Ein Akrostichon-Sonett aus gegebenem Anlaß

Warum wir Deutschen die WM gewinnen?
Ist doch so klar wie Brühe voll von Klößen!
Rings staunt die Welt ob unsrer Fußballgrößen –
Wer nennt die Namen all? Mit wem beginnen?

Erlaßt es mir, die Spieler aufzuzählen!
Letztendlich gab sich keiner jemals Blößen,
Trotzt jeder sowohl Haken wie auch Ösen,
Macht es die Fülle schwer, die Besten auszuwählen.

Erspart mir diese Qual! Was sind schon Fakten?
Ich halte nichts davon, mit names zu droppen,
Säng' ich von einzelnen, ich müßte klügeln:

»Team« war schon immer Trumpf, wenn wir »es«
                                    packten.
Es wird's auch diesmal schaffen. Nicht zu stoppen,
Rauscht es von Spiel zu Spiel auf Siegers Flügeln.

Petrarcasonett

Ein Akrostichon

Petrarcagleich ist sie gestimmt. Der Leier
Erhebend Spiel soll laut von Lauren künden,
Traumbild der Nacht, um dann im Tag zu münden,
Rauschüberglänzt. Ein Nachhall jener Feier,

An deren Anfang jeder Braut ein Freier
Reseden schenkt, in die gleich frommen Sünden
Christrosenrot sich mischt, aus dessen Schlünden
Aroma bricht von Weihe und von Weiher.

So war 's geplant. Doch was taugt Dichters Streben
Ohn' allen Beistand hilfsbereiter Musen?
Nicht einen Heller. Nicht mal einen Groschen.

Es ging gut los. Und endet so daneben.
Tut mir echt leid. Ich mag nicht länger zusehn.
Troll mich davon. Und halt fortan die Goschen.

Editorische Notiz

Die Textabweichungen in den Gedichten »Tierwelt-Wunderwelt«, »Der Nachbar« und »Rondo« gegenüber den Fassungen der Druckvorlagen gehen auf Korrekturen des Autors zurück.

Biographie und Bibliographie

Robert Gernhardt (1937–2006) lebte als freier Lyriker und Schriftsteller, Maler und Zeichner in Frankfurt am Main und in der Toscana. Sein großes literarisches, malerisches und zeichnerisches Werk wurde mit zahlreichen Preisen und Ehrungen, u. a. mit dem Heinrich-Heine-Preis und dem Wilhelm-Busch-Preis, ausgezeichnet. Robert Gernhardts umfangreiches Werk erscheint beim S. Fischer Verlag.

Die Wahrheit über Arnold Hau. Frankfurt a. M.: Bärmeier & Nikel, 1966. Neuausg. Frankfurt a. M.: Zweitausendeins, 1974. [Zus. mit F. W. Bernstein und Friedrich Karl Waechter.]
Ich höre was, was du nicht siehst. Frankfurt a. M.: Insel Verlag, 1975. [Zus. mit Almut Gernhardt.]
Besternte Ernte. Gedichte aus fünfzehn Jahren. Frankfurt a. M.: Zweitausendeins, 1976. [Zus. mit F. W. Bernstein.]
Mit dir sind wir vier. Frankfurt a. M.: Insel Verlag, 1976. [Zus. mit Almut Gernhardt.]
Die Blusen des Böhmen. Geschichten, Bilder, Geschichten in Bildern und Bilder aus der Geschichte. Frankfurt a. M.: Zweitausendeins, 1977.
Was für ein Tag. Frankfurt a. M.: Insel Verlag, 1978.
Welt im Spiegel. WimS 1964–1976. Frankfurt a. M.: Zweitausendeins, 1979. [Zus. mit F. W. Bernstein und Friedrich Karl Waechter.]
Ein gutes Schwein bleibt nicht allein. Frankfurt a. M.: Insel Verlag, 1980. [Zus. mit Almut Gernhardt.]
Die Magadaskarreise. Ein Reisebericht in Zeichnungen. Frankfurt a. M.: Zweitausendeins, 1980.
Wörtersee. Gedichte und Bildgedichte. Frankfurt a. M.: Zweitausendeins, 1981.
Ich Ich Ich. Roman. Zürich: Haffmans, 1982.

Der Weg durch die Wand. Dreizehn abenteuerliche Geschichten. Frankfurt a. M.: Insel Verlag, 1982. [Zus. mit Almut Gernhardt.]

Gernhardts Erzählungen. 120 Bildergeschichten. Zürich: Haffmans, 1983.

Glück Glanz Ruhm. Erzählung, Betrachtung, Bericht. Zürich: Haffmans, 1983.

Katzenpost. Kartengrüße von Missu und Pumpi. Zürich: Haffmans, 1983. [Zus. mit Almut Gernhardt.]

Feder Franz sucht Feder Frieda. Frankfurt a. M.: Insel Verlag, 1985. [Zus. mit Almut Gernhardt.]

Hier spricht der Dichter. 120 Bildgedichte. Zürich: Haffmans, 1985.

Letzte Ölung. Ausgesuchte Satiren. Zürich: Haffmans, 1985.

Kippfigur. Erzählungen. Zürich: Haffmans, 1986.

Schnuffis sämtliche Abenteuer. 137 Bildgeschichten. Zürich: Haffmans, 1986.

Die Toskana-Therapie. Schauspiel in 19 Bildern. Zürich: Haffmans, 1986.

Was bleibt. Gedanken zur deutschsprachigen Literatur unserer Zeit. Zürich: Haffmans, 1986.

Es gibt kein richtiges Leben im valschen. Humoresken aus unseren Kreisen. Zürich: Haffmans, 1987.

Körper in Cafés. Gedichte. Zürich: Haffmans, 1987.

Innen und Außen. Bilder, Zeichnungen, Über Malerei. Zürich: Haffmans, 1988.

Was gibt's denn da zu lachen? Kritik der Komiker, Kritik der Kritiker, Kritik der Komik. Zürich: Haffmans, 1988.

Hört, Hört! WimS Vorlesebuch. Zürich: Haffmans, 1989. [Zus. mit F. W. Bernstein.]

Achterbahn. Ein Lesebuch. Frankfurt a. M.: Insel Verlag, 1990.

Gedanken zum Gedicht. Zürich: Haffmans, 1990.

Reim und Zeit. Gedichte. Stuttgart: Reclam, 1990.

Lug und Trug. Drei exemplarische Erzählungen. Zürich: Haffmans, 1991.

Die Falle. Eine Weihnachtsgeschichte. Zürich: Haffmans, 1993.

Weiche Ziele. Gedichte 1984–1994. Zürich: Haffmans, 1994.

Über Alles. Ein Lese- und Bilderbuch. Zürich: Haffmans, 1994.

Ostergeschichte. Zürich: Haffmans, 1995.

Die Drei. Zürich: Haffmans, 1995. [Zus. mit F. W. Bernstein und Friedrich Karl Waechter.]

Prosamen. Stuttgart: Reclam, 1995.

Wege zum Ruhm. 13 Hilfestellungen für junge Künstler und 1 Warnung. Zürich: Haffmans, 1995.

Was deine Katze wirklich denkt. Zürich: Haffmans, 1996.

Gedichte 1954–1994. Zürich: Haffmans, 1996.

Hier spricht der Zeichner. Bildwitze, Cartoons, Comics, Bildergeschichten [...]. Stuttgart: Reclam, 1996.

Das Buch der Bücher. Ich Ich Ich / Kippfigur / Lug und Trug. Zürich: Haffmans, 1997.

Lichte Gedichte. Zürich: Haffmans, 1997.

Septemberbuch. Zürich: Haffmans, 1997.

Gernhardts Göttingen. Göttingen: Satzwerk, 1997.

Vom Schönen, Guten, Baren. Bildergeschichten und Bildgedichte. Zürich: Haffmans, 1997.

Erna, der Baum nadelt. Ein botanisches Drama am Heiligen Abend. Zürich: Haffmans, 1998. [Zus. mit Bernd Eilert und Peter Knorr.]

Herz in Not. Tagebuch eines Eingriffs in einhundert Eintragungen. Zürich: Haffmans, 1998.

Klappaltar. Drei Hommagen. Zürich: Haffmans, 1998.

Unsere Erde ist vielleicht ein Weibchen. Zürich: Haffmans, 1999.

Der letzte Zeichner. Zürich: Haffmans, 1999.

Es ist ein Has' entsprungen. Und andere Geschichten zum Fest. Zürich: Haffmans, 1999. [Zus. mit Bernd Eilert und Peter Knorr.]

In gemeinsamer Sache. Gedichte über Liebe und Tod, Natur und Kunst. Zürich: Haffmans, 2000. [Zus. mit Peter Rühmkorf.]

In Zungen reden. Stimmenimitationen von Gott bis Jandl. Frankfurt a. M.: Fischer Taschenbuch Verlag, 2000.

Robert Gernhardt entdeckt Heinrich Heine. Hamburg: Europa-Verlag, 2001.

Berliner Zehner. Hauptstadtgedichte. Zürich: Haffmans, 2001.

Im Glück und anderswo. Gedichte. Frankfurt a. M.: S. Fischer, 2002.

Meer von Gernhardt. Hamburg: mare Verlag, 2002.

Hell und Schnell. 555 komische Gedichte aus 5 Jahrhunderten. Hrsg. von Robert Gernhardt und Klaus Cäsar Zehrer. Frankfurt a. M.: S. Fischer, 2004.

Die K-Gedichte. Frankfurt a. M.: S. Fischer, 2004.

Montaieser Bestiarium. Rolandseck: Rommerskirchen, 2004.

Gesammelte Gedichte. Frankfurt a. M.: S. Fischer, 2005. [Erw. Ausg. 2008.]

Das Ungeheuer von Well Ness. Die 7 Säulen des Wohlseins. Frankfurt a. M.: S. Fischer, 2005. [Zus. mit Bernd Eilert und Peter Knorr.]

Später Spagat. Gedichte. Frankfurt a. M.: S. Fischer, 2006.

Denken wir uns. Erzählungen. Frankfurt a. M.: S. Fischer, 2007.

Kippfiguren. Robert Gernhardts Brunnen-Hefte. Marbach a. N.: Deutsche Schillergesellschaft, 2007.

Was das Gedicht alles kann: Alles. Texte zur Poetik. Hrsg. von Lutz Hagestedt und Johannes Möller. Frankfurt a. M.: S. Fischer, 2010.

Nachwort

Herr Gernhardt, warum schreiben Sie Gedichte?
Das ist eine lange Geschichte:

Die hier versammelten Gedichte stammen aus neun Büchern und rund vierzig Jahren.[*] Ihr Ablauf entspricht der Reihenfolge, in welcher diese Bücher erschienen sind; die römischen Ziffern im Text geben einen Hinweis darauf, aus welchem Buch ich die der Zahl zugeordneten Gedichte entnommen habe. Was eint diese erstmals im Schnelldurchlauf vorgestellte Produktion?
Die hilfreichste Schublade für mein Dichten und Trachten war über Jahre mit K wie Komik beschriftet. Zu Recht. Nicht, daß alle Produkte nun auch wirklich komisch gewesen wären oder es immer noch sind. Doch ist den frühen und mittleren Gedichten durchaus und fast durchgehend die Absicht anzumerken, komische Wirkungen zu erzielen. Gilt das auch noch für die späteren?
Nein, hörte ich hin und wieder nach Erscheinen von *Körper in Cafés* etc., und bei einigen dieser Stimmen war ein enttäuschter, ja besorgter Unterton nicht zu überhören: »Jetzt geht also auch er den Weg aller alternden Komiker, wird weise, wertvoll und weinerlich – eigentlich schade ...«
Nein – keine Rechtfertigungen! Auf die nämlich kann

---

[*] Inzwischen muß es heißen: Die hier versammelten Gedichte stammen aus elf Büchern und über vierzig Jahren. Die Auswahl aus *Die K-Gedichte* (X) wie aus dem postum erschienenen Band *Später Spagat* (XI) wurde von Almut Gehebe-Gernhardt getroffen.

verzichten, wer eine These zur Hand hat, die den weh-
leidigen Gegensatz Komik–Ernst wenigstens so weit
aufzuheben in der Lage ist, daß der ganze Diskurs auf
einem ganz anderen Niveau weitergeführt werden
kann. Die These aber lautet, daß *alle* Gedichte ko-
misch sind, da das Gedicht die Komik vom ersten Tag
an mit der Muttersprache eingesogen hat und bis auf
den heutigen Tag von ihr durchtränkt ist, wenn auch
manchmal in kaum mehr nachweisbarer Verdünnung
bzw. Vergeistigung. Dazu ein paar Erläuterungen und
Einschränkungen:
Den Begriff »Gedicht« verwende ich im verbreitetsten
und plattesten Sinne: als sprachliche Mitteilung, die
sich am Ende reimt. Ich weiß natürlich, daß es auch
reimlose Gedichte gibt und andere Reime als den End-
reim, doch zumindest in unserem Sprachraum ist er
seit gut tausend Jahren das vorherrschende, manchmal
sogar alleinherrschende Prinzip, nach welchem sich
Worte dergestalt organisieren lassen, daß jeder Er-
wachsene »Ein Gedicht!« sagt und jedes Kind begreift,
wie es gemacht wird: »Der Reim entspringt einer Nei-
gung des Menschen, mit seiner Sprache zu spielen; ge-
nauer: Worte mit gleichklingenden Bestandteilen zu-
sammenzustellen«, schreibt Karl Martin Schiller in
seiner Einleitung des *Steputat* – so nämlich heißt der
Verfasser des seit 1891 meistgenutzten deutschen
Reimlexikons und wie beim *Duden* steht auch hier der
Name fürs Werk –, und Schiller fährt fort: »Schon die
Kinder tun das, wenn sie einander mit ihren Namen
necken: Paul, Paul – Lügenmaul!« Das sei zwar »nichts
weiter als hübsch gereimter Unsinn – und doch be-
ginnt mit alledem der Reim bereits ein Mittel dessen
zu werden, was wir Dichtung nennen.« So weit, so

richtig – doch gilt das auch noch für Schillers Folgerung: »Ein magischer Vorgang im Rahmen der Sprache vollzieht sich, wenn wir reimen« –? Müßte es nicht heißen: »windiger Vorgang«?

Solange das Gedicht nur hübschen Unsinn mitteilt, ist es noch ganz und gar ehrlich. Die Worte Denker, Henker, Lenker und Schenker beispielsweise eint nichts als der Reim und die Tatsache, daß sie in dieser Reihenfolge im *Steputat* stehen; und solcher Beliebigkeit müßte eigentlich auch das Werk Rechnung tragen, das sich ihr verdankt:

Ein Denker
traf mal einen Henker
und sagte: Gib mir deinen Lenker,
dann bist du ein prima Schenker

– so oder ähnlich unschuldig würde wahrscheinlich das aufgeweckte Kind reimen und sich des offenkundigen Unsinns oder des zutage geförderten Nichtsinns freuen. Nicht so der Erwachsene in seinem unstillbaren Sinnbedarf und Sinnbedürfnis:

Einst Land der Dichter und der Denker,
Dann Land der Richter und der Henker,
Heut' Land der Schlichter und der Lenker –:
Wann Land der Lichter? Wann der Schenker?

Kein gutes Gedicht, zugegeben, aber doch eines, das sich nicht sogleich und so einfach als Unsinn begreifen, belachen und abtun läßt. Allzu zwingend suggerieren Endreim, Binnenreim, Anfangsreim (Dann–Wann) und Stabreim (Land der Lichter), daß in diesen vier Zeilen irgend etwas zusammengewachsen ist, das irgendwie zutiefst zueinandergehört. Und wenn das Bankert der Vereinigung von Reimlexikon und Alphabet dann noch auf den Namen »Mein Land« getauft würde oder »Fragen an mein Land« oder gar »Denk ich an ...« – so müßte der Leser schon sehr gewitzt oder äußerst dickfellig sein, um den Vierzeiler als ganz und gar sinnlos zu entlarven bzw. zu empfinden –: Mach einer was gegen die Dichter.

»Wer schreibt, bleibt. Wer spricht, nicht« – nicht gerade ein richtiges Gedicht, doch ein weiteres gutes Beispiel dafür, mit welch simplen rhetorischen Reimtricks sich selbst relativ wache Köpfe einlullen lassen. Beispielsweise meiner. Jahrelang hatte ich diesen Merksatz immer dann mit viel Erfolg ins Feld geführt, wenn es galt, mein Dichtertum gegenüber anderen Tätigkeiten herauszustreichen und zu erhöhen, da plötzlich wagte jemand Einwände: Von vielen der weltweit berühmtesten Menschen sei doch keine geschriebene Zeile überliefert, nicht von Homer und nicht von Sokrates, nicht von Jesus und nicht von Dschingis Khan, nicht von Nofretete und nicht von Johanna von Orleans – und plötzlich war er gebrochen: der Reimzauber, welcher bis dahin so zuverlässig gewirkt hatte.

»Was bleibet aber stiften die Dichter« – wirklich? Ist es nicht vielmehr die Sprache selber, die das Dichterwort schamlos gängelt, indem sie hier Zusammenhänge verwehrt, dort in geradezu unsinniger Menge stiftet? 129 Reimwörter führt der *Steputat* für die Endsilbe »-at« an, von »Achat, Advokat, Aggregat« über »Rat (Titel), Rat (Hinweis), Rat (Körperschaft)« bis hin zu »ich lad, ich schad, ich verrat«. Dementsprechend breit kann der Dichter nichtsnutzige Vorgänge wie den folgenden ausmalen: Der Advokat aß grad Salat, als ihm ein Schrat die Saat zertrat. Nichts aber fiele dem gleichen Dichter ein, äße da nicht ein windiger Rechtsverdreher, sondern ein schlichter, dabei aber doch so unendlich viel wichtigerer »Mensch« seinen – ja, was eigentlich? Bekanntlich wissen weder der *Steputat* noch die deutsche Sprache einen Reim auf Mensch, und selbst ein so gewitzter Wortsucher wie Peter Rühmkorf wurde erst im Plural fündig:

Die schönsten Verse des Menschen
– Nun finden Sie schon einen Reim! –
Sind die Gottfried Bennschen:
Hirn, lernäischer Leim.

Das Dichten gilt als Kunst, und ich bin der letzte, der da widerspräche. Nur besteht die Kunst des Dichters nicht darin, seine Empfindungen oder Gedanken in Reime zu kleiden, sondern in seiner Fähigkeit, Sätze, Worte und Reimwörter so zu reihen, daß sie Gedanken oder Empfindungen suggerieren, im Glücksfall sogar produzieren. Als Meister aber erweist der sich, der uns vergessen läßt, daß da überhaupt gereimt wird. Das kann beim Lesen, häufiger noch beim Hören der Gedichte von, beispielsweise, Goethe, Mörike oder Brecht geschehen, und bezaubert fragen wir nicht lange, wieso uns das Mitgeteilte eigentlich dermaßen einleuchtet: Wir wollen ja auch nicht wissen, was die Kugeln wiegen und wieso sie dem Jongleur nicht runterfallen, sondern uns der schönen Täuschung hingeben, daß die Schwerkraft augenscheinlich doch zu überlisten oder gar ganz außer Kraft zu setzen ist.

Wo ein Vorhaben gelingen soll, kann es auch scheitern. Immer wieder unterlaufen selbst erfahrenen Dichtern Gedichte, in welchen die zutiefst komische Qualität aller vom Reim gelenkten Sinn- und Beziehungsstiftung bloßgelegt wird. Wenn ein formstrenger Dichter wie August von Platen sich und der Sprache den Kraftakt zumutet, acht plausible Reime auf »Wunde nichts« zu finden, ohne daß sein Gedicht in blanke Beliebigkeit oder puren Nichtsinn abrutscht –:

Es liegt an eines Menschen Schmerz, an eines
                              Menschen Wunde nichts,
Es kehrt an das, was Kranke quält, sich ewig der
                              Gesunde nichts;

– dann kann der Leser das angestrengte Ergebnis ehrfürchtig bestaunen; er mag einwenden, daß man sich nicht »nichts« an etwas kehren kann, sondern lediglich »nicht«; er darf das Mißverhältnis von Aufwand und Ertrag jedoch auch innig belächeln:

Und wer sich willig nicht ergibt dem ehrnen Lose,
                              das ihm dräut,
Der zürnt ins Grab sich rettungslos und fühlt in
                              dessen Schlunde nichts;

– als ob es so schrecklich erstrebenswert wäre, auch noch als Toter und noch im Grabe etwas zu fühlen. Lächeln, ja lachen darf der Leser jedoch auch dann, wenn Clemens Brentano den Reim nicht wie Platen in die Zucht des Gedankens nimmt, sondern im Gegenteil dermaßen die Zügel schleifen läßt, daß sein Gedicht jedweden Sinn in Grund und Boden reimt:

Wenn der lahme Weber träumt, er webe,
Träumt die kranke Lerche auch, sie schwebe,

– und wenn das so ist, dann folgt daraus natürlich auch:

Träumt das blinde Huhn, es zähl die Kerne,
Und der drei je zählte kaum, die Sterne,

– und nach der achten Zeile schließlich glaubt uns der Dichter reif für die nun völlig rätselhaften, dafür zur Sicherheit gleich durch dreifachen Reim verklammerten Zeilen:

Träumt die taube Nüchternheit, sie lausche,
Wie der Traube Schüchternheit berausche;

– ein Gedicht, das in keiner Anthologie deutscher Unsinnsdichtung fehlen dürfte, von den zuständigen Stellen jedoch hartnäckig dem literarischen Tiefsinn zugerechnet und dementsprechend interpretiert, hofiert und glorifiziert wird.

Um Komik und Ernst war es zu Beginn dieser Überlegungen gegangen, einigermaßen folgerichtig sind wir bei den Grenzen gelandet, die Sinn und Unsinn scheiden, derart undeutlichen Markierungen, daß auch der gewitzteste Kartograph nicht weiterhelfen kann: Immer wieder nämlich finden sich Gedichte, die keinem der Bereiche eindeutig zuzuordnen sind; Gebilde, in welchen der Sinn langsam, fast unmerklich in Nichtsinn oder Unsinn übergeht. In anderen aber kippt er urplötzlich, und das gerade dann, wenn der Dichter ein Übermaß an Sinn produzieren, suggerieren oder schlicht ergaunern wollte, siehe Platens »Wunde nichts«-Variationen, aber auch mein Gedicht »Deutung eines allegorischen Gemäldes« –: alles Sinn-Implosionen, die teils unfreiwillig, teils beabsichtigt Komik freisetzen.

Niemand hantiert gern ungesichert mit kritischen Massen, niemand ist gerne ungeschützt jener Kritik und Lächerlichkeit ausgesetzt, die bei jedermann erkennbaren Stör- und Unglücksfällen sich zuverlässig einstellt –: Kein Wunder, daß die Ernst-Dichter im Laufe dieses Jahrhunderts immer entschlossener immer mehr Regelsysteme über Bord warfen, nicht nur den Reim, auch den Vers, das Metrum, den Takt und den Rhythmus. Als ich zu dichten begann, Anfang der 6oer, war *das* Gedicht eine relativ kurze reimlose Mitteilung, die aus meist unerfindlichen Gründen nicht in durchlaufenden, sondern vielfach zerstückelten Zeilen abgesetzt wurde, von Leerzeilen unterbrochen und auf möglichst viel umgebendem Weiß, ganz so, wie es bereits Lewis Carroll in *Alice im Wunderland* dem Dichter geraten hatte:

Wir schreiben eine Zeile
Dann hacken wir sie klein
Dann würfeln wir die Teile
in bunt gemischte Reih'n
Der Wörter Reihenfolge muß
Nicht unsre Sorge sein.

Da nun konnte nichts so richtig schiefgehen, aber auch nichts so recht gelingen. Künstler, die Regeln verwerfen, gleichen Jongleuren, die sich von ihren Kugeln befreien: Kein Dichter mußte fortan mehr befürchten, an der Regel gemessen oder von ihr gefressen zu werden, doch bezahlte er diese Sicherheit mit dem Verzicht auf jene glorreichen Augenblicke, in welchen die Regel nicht an dem zuschanden wird, der sie auftrumpfend zerbricht, sondern an dem, der sie lachhaft mühelos meistert.

Reim oder Nichtreim – für mich war das schon damals keine Frage. Ich brauchte die Regel, solange ich eindeutig auf Komik oder Nonsens aus war – Komik lebt von der Regelverletzung, und Nonsens ist nicht etwa jener hausbackene Unsinn, der ungeregelt in launigen Lautgedichten, krausen Collagen und absurden Verbalautomatismen wuchert, sondern konsequent, also regelmäßig, verweigerter Sinn –, und ich liebe die Regel nach wie vor, weil sie beides ist, Widerstand und Wegweiser: Da geht's lang, nicht aufgeben, hier mußt du durch.

Sich heute noch ernsthaft auf das uralte Reim- und Regelspiel einzulassen, ist, meine ich, schon mal per se komisch. Einfach war es nie, doch in Jahrhunderten gebundener Dichtung hat sich sein Schwierigkeitsgrad erheblich gesteigert. Daraus haben Verzagte wie Arno Holz gefolgert, daß nichts mehr gehe: »Der Erste, der – vor Jahrhunderten! – auf Sonne Wonne reimte, auf Herz Schmerz und auf Brust Lust, war ein Genie; der Tausendste, vorausgesetzt, daß die Folge ihn nicht bereits genierte, ein Kretin.«

Falsch, ganz falsch: Der Erste, der Brust auf Lust reimte, war ein braver Mann, der Einmillionste aber, dem es gelingt, die beiden Begriffe einleuchtend, einschmeichelnd oder auch nur eingängig zu paaren, ist ein Genie, zumindest ein achtenswerter Artist.

Inhalt

I

II

III

IV

X

XI

Nachwort
Herr Gernhardt, warum schreiben Sie Gedichte?